U0124806

高效能
时间管理术

[第六版]

[英] 帕特里克·福赛思（Patrick Forsyth） 著

董良和 译

SUCCESSFUL
TIME MANAGEMENT

How to be organized,
productive and get things done

中信出版集团 | 北京

图书在版编目（CIP）数据

高效能时间管理术：第六版 /（英）帕特里克·福
赛思著；董良和译 . -- 北京：中信出版社，2023.12
（创造成功经典系列）
书名原文：Successful time management: how to
be organized, productive and get things done
ISBN 978-7-5217-6054-5

Ⅰ . ①高… Ⅱ . ①帕… ②董… Ⅲ . ①时间—管理—
通俗读物 Ⅳ . ① C935-49

中国国家版本馆 CIP 数据核字 (2023) 第 197695 号

Successful Time Management by Patrick Forsyth
Copyright © Patrick Forsyth, 2003, 2007, 2013,2016,2019,2022
'This Translations of Successful Time Management is published by arrangement with
Kogan Page.'
Simplified Chinese translation copyright ©2023 by CITIC Press Corporation
ALL RIGHTS RESERVED
本书仅限中国大陆地区发行销售

高效能时间管理术〔第六版〕

著者：　　　〔英〕帕特里克·福赛思
译者：　　　董良和
出版发行：　中信出版集团股份有限公司
　　　　　　（北京市朝阳区东三环北路 27 号嘉铭中心　邮编　100020）
承印者：　　北京通州皇家印刷厂

开本：880mm×1230mm　1/32　　印张：7.5　　　　字数：119 千字
版次：2023 年 12 月第 1 版　　印次：2023 年 12 月第 1 次印刷
京权图字：01-2023-4906　　　　书号：ISBN 978-7-5217-6054-5
　　　　　　　　　　　　定价：48.00 元

版权所有·侵权必究
如有印刷、装订问题，本公司负责调换。
服务热线：400-600-8099
投稿邮箱：author@citicpub.com

序　言

〔Preface〕

对于懂得珍惜、知道如何善用时间的人而言，一天的长度无限。

——歌德

毫无疑问，人们会看你做了什么、取得了什么样的结果，并以此为标准对你进行评判。或许大家都在努力适应必须要做事情。比如，我本来没有时间写本书，现在也没有时间更新版本，但我都做到了，也愿意做到。

为了生存，为了发达，我们必须有所作为，讲究效率，善始善终。这是一个不争的事实，向来如此。本书教你如何应对这一事实，帮助你工作起来有条不紊、事半功倍。

是否有时间可能总是相对而言的，但时间似乎永远不够。我的第一本关于时间管理的书出版于 1994 年，本书随后出版，如今会有些许变化，因为这本已经是第六版了。多年来，许多事情都发生了变化，但许多人仍在与时间的压力做斗争。这也许可以表明时间管理具有普遍性，尽管我出版了各种主题的书籍（包括《如何撰写报告和提案》，也在"创造成功经典系列"书籍之中①），但时间管理这一主题的书籍销量超过了其他所有主题的书籍销量。最近，正如我在书中所写的那样，新冠肺炎疫情及其带来的限制以及变化给我们每个人都带来了更多问题，也影响了生产效率及时间的有效利用。因此，本书有一节是关于部分或全部居家工作的。

如果你很忙碌，那么请放心，你无疑是一个常人。现代社会，职场无情，期限、压力（如果任由压力主宰，紧张、焦虑会随之而来）都会让你马不停蹄，忙得不亦乐乎。

时间管理是指积极主动地工作，创造生产力、效率、效用，从而更易于实现目标。成功绝非偶然。成功由你主宰。你的工作模式也是如此，你的工作模式是自己创造的，好也罢，坏也罢。

我先说一句：尽管现实似乎是一团乱麻，但最大限度地利用可用的时间，将其投入工作当然也不无可能，尤其是对于关键活动，因为你的成功表现就仰仗着这些活动。在讨论细节之前，我先来做一个全面的评述。

---

① 国内该系列并未引进该书。——译者注

稳住根基

如何善用时间，这个问题绝非一朝一夕就能解决的，它既是一项核心技能，也是一项职业技能，我们都需要掌握这一技能，因为它能够让我们在当前的工作中发挥作用，确保我们有更好的职业前景。此外，时间管理是一个真正的差异化因素，掌握这个差异化因素，你就可以在工作及职业生涯中不断达到你想要的状态，在同等能力的情况下，你也许比其他缺乏自我梳理能力及自我约束能力的人更具优势。无论从哪种意义上讲，这都算不得一个可选可不选的选项。这并不是说成为一名有效的时间管理者在某种程度上会是一件"好事"，而是说条理是否清晰对你的工作及职业成就至关重要。

总体原则很简单，也很直截了当。我已经说过，应该去做重要的事情，忽略那些不重要的事情。所谓的紧急状况就是，这个问题只是很重要，而在发生时却没有得到解决。也许这么说千真万确，但过于简单化并不会让细节处理更为容易。只有通过应用及投入，才能将一些好的时间管理原则付诸实践，尽管从长远来看，等到它像习惯一样根深蒂固，就更容易进行良好的时间管理。此外，正如我所说，良好的时间管理并非没有可能。让良好的时间管理发挥效力，并不需要火箭科学；实际上，种种良好的时间管理策略在很大程度上都是常识。但良好的时间管理要求我们把细节做好；因为良好的时间管理虽然没有涉及什么神奇的公式，却涉及许多细节，而所有细节都会发挥作用。正如一家著名超市 ① 的口号所说：点滴皆有效（every little helps）。

本书会评述一些关键的方法，列出大量的技术及技巧，这些技术及技巧可以让你更有效率。本书设计实用，易于实践。

本书的主要经验仍然很有意义。事实上，最近工作场所的诸多变化使得有效的时间管理更有必要。本书中的经验教训与各个组织中每个级别的人都息息相关。强调某些因素，是因为要凸显管理者需要考虑的其他因素。这类评述可以提供有价值的见解，帮助你深入了解管理者（也许包括你的管理者）的工作方式。

电子通信改变了我们的生活，尽管电子邮件现在无处不在，但它会浪费时间，也可能会节省时间。我仅列举一个潜在的电子邮件危害。关于"电子"事项的一章会提供建议，讲述如何及时、有效地使用电子邮件，也会提到其他影响效率的互联网技术。

任何编写操作指南材料的人都会认为，他们所写的内容一定很有用处。当然，这是我对这个主题的看法。考虑到主题的性质，可以毫不夸张地说，本书有一些想法可以改变你的生活，你越努力，做得越多，越准确地专注于关键问题，这些想法就越能

① 这家超市指的是乐购（Tesco）连锁超市。——译者注

迅速改善个人及企业绩效，提高效率。一个好方法可以对工作及职业产生积极影响。

　　回顾这一过程是改进时间管理的第一步。当然，阅读本书需要一点时间，但应该把阅读本书当作一种投资。继续读下去：你没有什么可失去的，只会改掉一些坏习惯或不良习惯。你如果能学会在工作时更有智慧，而不只是拼命加班加点，那么会取得更多的成就，并发现你在做事情时没有那么大的压力，达到的效果也更令人满意。虽然说要达到这种效果需要某些约束，但还是非常有可能的。然后，你要做的就是决定如何利用你创造的额外时间了。

严于律己

　　这部分将介绍避免浪费时间的各种方法，但请先思考一个非常特殊的方法。如果我在互联网上浪费的每一分钟都能换成一英镑，那么我会富到自己都无法相信。当然，如今这个电子时代提供了奇迹，也提供了便利，以至我们根本无法想象没有这些便利会怎样，但是这些便利也是一个巨大的干扰，甚至是极大的干扰。

　　不需要我说，你也了解这些事实。的确如此，WasteNoTime 等应用程序的设计就是为了在一段时间内阻断互联网，这足以印证这一不争的事实。在单位的电脑、手机、平板电脑、笔记本电脑（还有其他更多设备）上，你肯定会发现自己总想溜号——我就看一下，就一分钟的时间——而一些这样的活动，比如打游戏，可能会消耗大量的时间。这样的事情林林总总，已然成为 21 世纪最主要的拖延行为，而且所有这类活动都容易上瘾。事实上，像脸书和照片墙这样的网站都是为了让人上瘾而设计的。此外，人们也总会怂恿别人溜号。其危险显而易见，对生产力及效率产生的潜在损害也相当之大。

所以，考虑一下这个问题，也许可以帮你监控一下你的行为，让你学会拒绝各种诱惑。在别人怂恿你（例如传播一些他们觉得搞笑的东西）的时候，你不要回应，也不要用类似方式去怂恿别人。你永远不要对自己说：不过是一分钟。

肯定不止一分钟，对此你心知肚明。

注意：还有一些其他危险。比如，你一不小心又溜号了，在网上发布的内容违反了组织规则，或者更糟糕的是，你发现有人指控你犯了骚扰或诽谤之类的罪行，那么你可能会对那一刻在网上跑偏感到非常后悔。请当心。

目 录
〔CONTENTS〕

第一章　时间是关键资源：机遇与困境 / 001

发挥时间管理的作用 / 005

个人方法 / 007

提高生产率 / 008

看准时机节省时间 / 010

完美时间 / 013

第二章　高效时间管理的第一步 / 017

工作组合 / 020

评估当前的工作实践 / 022

做好规划并执行规划 / 026

什么样的系统 / 029

制定明确的目标 / 031

未雨绸缪 / 034

花点时间来节省时间 / 037

花时间思考 / 038

准备好说"不" / 039

要不要做到（完美）/ 041

工作要靠巧劲，不要靠时间 / 043

奖励自己 / 045

保持良好的规划 / 047

第三章　组织有序（并保持下去）/ 049

制订计划 / 053

职场或居家工作模式 / 054

批量处理任务 / 058

高效利用记事本 / 060

精心安排会面 / 063

清理办公桌面 / 064

不要"挑樱桃" / 066

互联网 / 067

突出关键事实 / 068

强调质量 / 069

行动还是投入 / 071

与秘书或个人助理合作 / 072

使用"文档存放"系统 / 073

利用一览表 / 074

将技巧瞄准特定结果领域 / 076

中场休息 / 078

第四章　与浪费时间的因素做斗争 / 081

最浪费时间的事情 / 084

为什么不舒服是件好事 / 089

表现欠佳 / 091

认清现实 / 093

找准时机 / 095

处理个人干扰 / 097

处理电话干扰 / 101

节省接通电话的时间 / 105

消息要准确 / 106

电子邮件 / 107

出差途中 / 107

第五章　电子邮件：是捷径还是时间黑洞 / 113

电子邮件 vs 普通邮件 / 117

电子邮件：可能的缺点 / 118

基本准则 / 119

系统分类 / 122

数字签名及其他安全手段 / 123

术语及缩略语 / 125

附件 / 126

超链接 / 127

潜在问题 / 128

第六章　要事优先 / 133

帕累托定律 / 136

优先处理繁杂事务 / 139

日程——向后梳理 / 140

认真对待截止日期 / 142

审查任务的方法论 / 144

消除不必要的事务 / 146

危险——保持距离 / 148

对优先事项充满信心 / 150

第七章　控制文书工作 / 153

制定目标来尽量减少文书工作 / 156

养成简洁习惯 / 158

尽量减少对文书的处理 / 160

不要让文件及归档工作浪费时间 / 162

保持文件整洁有序 / 166

将文件电子化，但要谨慎 / 167

若非必要，不要复制信息 / 169

若非必要，不要过多增加信息 / 170

不要写下来 / 172

快一点写 / 174

废纸篓——办公室中最节省时间的物件 / 174

第八章　与人合作 / 177

社交组织 / 180

非正式联系 / 182

充分发挥工作午餐的作用 / 183

考虑出去娱乐一天 / 185

不要起冲突，不要浪费时间 / 187

合适人选 / 189

需要明确指示 / 190

不要亲力亲为——委派下去 / 191

交换任务来节省时间 / 199

培养员工 / 201

最节省时间的表达方式 / 202

不要时刻紧盯 / 205

激励员工 / 206

在时间管理方面为员工提供具体帮助 / 207

制定一些严格的规则并遵守 / 209

会议——危险还是机遇 / 211

第九章　最后的话 / 219

这么做值得吗 / 224

最后的话 / 225

第一章

时间是关键资源：机遇与困境

一个人无论做什么工作，只要是从事管理或者行政工作，就要利用很多资源。人、钱、物这三者都很重要。在任何一种特定工作中，某一种资源可能占据主导地位。但我们每个人都拥有一种共同的资源，这种资源就是时间。时间是一个严厉的工头。每个人偶尔会遇到一些问题，不仅需要把所有事情都做完，还必须在可用的时间范围内完成。对有些人来说，在某种程度上，这些问题永远存在；另外一些人会承认，有些时候，所有的事似乎串通好一样，就是不想让人按计划做好工作；还有一些人，生活永远是一团乱麻。

那么，谁需要思考时间管理问题？反思一下如何有效管理时间，每个人都能从中获益。在任何一个组织中，许多事实都具有独一无二的本质特征，这样一来，要想妥善管理时间就会变得十分困难。各个层级、各类人员、截止日期、文书工作、电子邮件、电脑故障、会议安排、压力、互动，里里外外，一大堆事情，举不胜举，这一切都会带来更多问题，让人焦头烂额。

　　本书旨在帮助所有在组织内担任行政或管理职务的人，教会他们如何处理时间管理问题，无论他们是居于商业职位或其他职位，还是负责完成任务或者监督成果。你如果属于这一类人，尽管你已经十分努力尝试用各种方式来管理工作，但阅读本书后依然会得到一些启示，因为它能帮助你取得更多成就。你如果认为自己要做的事情太多，或者没有太多的时间去做这些事，抑或是要去处理迫在眉睫的事，而这意味着永远无法完成所有重要的待办事项，或者你希望事情能够井然有序，却不知道如何做到这一点，那么本书就是为你而作的。如果你桌子上的纸乱七八糟地堆成小山，或者总是被人打扰，无法在截止日期之前完成工作，抑或对自己的生活感到绝望透顶，那么本书绝对值得一读。

　　对于时间管理这件事，我们别无选择。要想高效工作，每个人都必须考虑这一问题，无论是深思熟虑，还是随便想想。事实上，在一定程度上，几乎每个人都在进行时间管理。唯一的问题是这些人将时间管理得有多好，以及时间管理对他们的工作会产生何种影响。然而，时间管理并非易事，这一点或许你早已深谙。即使是那些专门负责时间管理的人，也不能百分之百地把时间管理好。可能你会认为，对一本专讲时间管理的书而言，这一开端令你有些许不祥之感，但其实更糟糕的事情还在后头。调查表明，大多数人都可以通过反思自己的习惯、关注时间管理的原则来提高工作效率，有时甚至可以实现显著提高。似乎有一个常见的问题，那就是人们最初很难做到有效管理时间，因此就会动摇，不再坚持，而这时旧习惯会随之卷土重来。我们很容易对真正的改变感到十分焦虑，继而放弃努力，顺其自然，随随便便就想蒙混过关。尽管这种想法会在某种程度上略有不同，但这种放任自流的诱惑往往非常强烈。

发挥时间管理的作用

但是，这是一个积极的"但是"，你可以有所改变，这种改变不仅会令你愉悦，还可以对工作及职业产生积极影响。毫无疑问，若能驾驭时间管理，你能得到各种各样的巨大收益。时间管理能够：

- 影响你的效率、效能及生产力。单就这一点而言，你对时间管理持何种态度就会显得非常重要，因为时间管理会影响你的工作，时时刻刻，日复一日，一直如此。
- 调节工作带来的压力。
- 创造更高的积极关注度。时间管理的效果会影响组织内部其他人对你的看法。良好的时间管理是一个压倒一切的因素，可以让具有同等才华及能力的人朝着不同的方向发展，提供更大的可能性，让某些人在其职业生涯中取得更大的成就。

因此，尽管掌握自己的一套时间管理体系可能要花一些时间，但这非常重要。你一定要把时间管理与自我管理等同起来。时间管理需要自制力，而自制力要通过习惯来提升。换句话说，好的一面就是，你越努力，时间管理就越容易。良好的习惯能够确保你井井有条地规划及执行工作。此外，坏习惯很难被改变，许多人都意识到这一点。只要随意反思一下自己的工作方式，我们就很可能会发现，需要改变习惯。

时间管理的效力取决于两个关键因素：如何规划时间，以及如何实施工作细节。关于如何规划时间，我会在本书的前一部分进行评述，并借此创建一个重要的理论基础，而你就可以在此基础上构建时间管理体系，从而开展工作。第二个因素（如何实施工作细节）包括许多操作因素、实践、方法及技巧，所有这些要素即便单独拿出来，也能对你的工作方式产生积极影响。这些要素可能简单到略显荒唐，例如故意时不时看一眼手表会降低访客逗留时间过长的可能性，特别是一边看表，一边表现出适当的忧虑；有时或许要求更为复杂，例如完善的归档系统可以节省时间，确保快速准确查找文件。

其他要素可能就完全没有那么"光明正大"了，比如私底下用一个信号提示同事暂停会议，告诉他有什么事情需要尽快压缩会议时间或者你要马上离开。此外，累积效应也可以发挥作用。这就意味着，对于那些对你能产生效果的行业诀窍，你越多采用或越多适应，你的时间利用效率就越高。大多数人都可以在其整个职业生涯中继续引入更多行业诀窍，努力利用这一过程。因此，除非你是完人，善用时间，堪称典范，否则就反思一下，看一看自己工作的方式是否尽善尽美，这种反思通常大有裨益。事实上，在整个职业生涯中，经常关注这一点会有好处。此外，这也可以成为一种习惯。

个人方法

时间管理的效力会受诸多因素的影响，对于特定类型的工作或特定个人而言，发挥时间管理的效力的方式有所不同。在本书中或其他地方获取一些建议后，你可以把这些建议转为自己的工作习惯，这会很有益处。有些建议对你来说闻所未闻；有些建议你可能已经了解，但没有高效利用；其他一些建议只能构成一个基础，用来决定什么建议更适合你。这些建议需要个性化处理，你可以根据工作环境进行改造，不要着急拒绝，请务必考虑一下是否选择这些建议，这一点非常紧要。

注意：不要轻易拒绝手头上正在使用的一些方法，这些方法稍加修改可能就会十分有用。在这一领域，稍稍产生影响就可以帮助你提高整体生产力。当然，有些建议根本不适合你。这些建议不管做多少修改，都无法成为你工作方式的根基。那就由它去吧。你的目标应该是彻底考虑一下，然后利用一切可能的方法来提高工作效率。重要的是，在探索行动的可能性之后，你就可以选择、调整、试验所有与工作实际状况相符且有助于提高生产力的方法，以达到满意的程度。说来说去，重要的是你这个人，而不是原则。然而，请记住，任何能够对你有所帮助的事情都应加以考量，除非这件事情会产生负面影响，否则都应当成工作实践的一部分。良好的时间管理来自多做尝试，不遗余力。

提高生产率

时间可能具有相对性，但时间与其他任何资源一样宝贵。此外，时间也很容易被浪费掉。那么，为什么人们会千方百计地想着去妥善利用其他资源（例如金钱），而对时间就不顾及那么多了呢？从某些方面来讲，时间管理确实很困难，并且习惯的力量也很强大，这两点或许可以构成部分原因，但我认为还有另外一个原因。

很久以前，彼得·库克（Peter Cook）曾出现在一部关于存在核战可能性的幽默短剧中。当时有人说，预警雷达可以提前四分钟发出警报，提醒有任何瞄准我方的敌方导弹。"四分钟之内你能做什么？"，一个人怀疑地问道。"有些人"，彼得·库克回答说，"可以用四分钟跑完一英里^①！"遗憾的是，虽然四分钟还不足以完成任务，逃离毁灭，但四分钟就是四分钟。时间管理的一个重要原则是，即使是很短的点滴时间，也可以轻而易举地累积到一个有价值的时间量。

　　让我们琢磨一下节省下来的四分钟，也许不用跑那一英里。我们很可能会觉得这四分钟不足挂齿。然而，如果提高定期执行一项小任务的效率，节省四分钟，那么每天都要完成那个小任务，一年下来节省的时间累计超过 14 个小时！这几乎是两个工作日，足以让大家停下来思考一下了。我们可以用多出来的两个工作日做点什么（额外的事）呢？不可否认，这节省出来的两个工作日很有用处，大多数人可能都已经在工作清单上攒下了十几个工作任务，如果真的有这两天的时间，那么目前清单上的这些工作任务可能就搞定了。这只是一种想象，想象一下，就算只是快点完成一件常规的小事，或者只是单纯地避免浪费时间，就能省出四分钟的时间，看一看可以产生什么效果。因此，大家之所以会忽视时间管理，另一个重要的原因是，一点一滴节省下来的少量时间看起来似乎并不重要。我们往往会想，在这里节省五分钟，在那里节省五分钟，又有什么用呢？因为这时候我们真正需要的是整整一小时没人打扰，甚或一天没人打扰。然而，显而易

---

① 一英里等于 1.609 3 公里。——译者注

见的是，人们忽视了一个问题，那就是聚沙成塔、集腋成裘。

你如果认识到这一事实，并据此来规划时间及活动，就有可能腾出大量时间。此外，你通常可以用最低成本做到这一点。这种做法非常值得一提，因为许多潜在的效率改进都要付出成本。在许多组织机构中，如果想要新设备、增加预算或是额外的人手，就需要相当多的理由，最终可能会遭到拒绝。但时间由你支配。时间这一维度是可以真正改变绩效的领域，你只需付出一点点努力即可。

看准时机节省时间

在投入这一个人行动领域之前，我还需要说明另一点。你会发现，有些节省时间的方法，或者更好地利用时间的方法，确实需要投资，但这是一种时间投资。必须花点时间来节省时间，这样说似乎有些自相矛盾。同样，这也很容易成为障碍，阻碍我们采取行动。然而，原则很明确：如果要控制时间，就要有一个时间方程式来发挥作用，而且必须让它发挥作用。有很多方法可以确保时间得到最佳利用，有些方法只需片刻就可以奏效，而其他方法则需要更多时间来建立，或者让你养成习惯，用特定的方式去工作。

设想一个例子，这个例子和委派有关（我们稍后再讨论委派这一主题），也和大家常说的"求人莫若求己"有关。这种想法时常会浮现在脑海中，当然在短期内，这种想法可能并没有过错。确实，求人莫若求己。但要小心，因为这种想法可能只在事情发生的那一刻才是真实的。假设有人给你打电话询问某些信息，再想象一下，你必须找到那些信息，查看那些信息，写一个简短的解释说明，然后再将这些信息发送给那个人。这是一件小事，只需要三四分钟。

让我们进一步设想一下，要想躲开这一任务，你可以考虑让团队中的一名成员来做这件事。要把这件事情交给他或她，肯定需要花你们各自 10～15 分钟的时间。自己做确实更快。然而，事实并非如此。如果这项任务经常出现，情况当然就不会是这样了。比方说，如果这件事情一周内发生 10 次，那么你花时间向其他人交代一下怎么做，他或她只需在不到一周的时间内做完这件事，这时候交代这件事所用的时间就能产出回报了。从此以后，你每周都会省下大量的时间，事实上，在未来提出类似请求的任何情况下都会省下大量时间。这样做肯定是有失必有得。此处的时间方程式，即所用的时间与节省的时间之比，呈正相关。通常情况下都是这样的，无论是这个简单的例子，还是更复杂的问题，比如需要花上数小时或数天的时间重新组织系统或流程，最终都会节省成本，带来回报。

那么，为什么采取这种行动如此困难？为什么全世界总有人说自己做会更快？一些原因可能与其对委派的态度有关（稍后会细说）；除此之外，在很大程度上是习惯问题、考虑欠周全，或许还有那一刻的压力问题。我们经常会想，让手头上的活暂停几分钟来完成另一项任务，没有什么大不了，但不知何故，总觉得没时间向别人交代一下任务，让我们完全解脱出来，最终真的把时间节省下来。这一点值得我们琢磨一下。下定决心，不要陷入这个时间陷阱，这样就可以节省大量的时间。

只要有了正确的计划及动机，任何人都可以提高自己的时间利用率。即使你最近没有考虑过如何高效利用时间，也可以显著提高时间利用率。不过，不要搞错的是，这个过程并非就此止步。要想一生真正地有所作为，不是只反思一下时间管理，采纳一两条建议就能高枕无忧了。反思可以启动这一进程，但必须有正确的思维方式才能继续下去。登峰造极的时间管理者养成了良好的习惯，从而让时间管理这一过程大部分都水到渠成。此外，他们还会一直微调自己的时间管理方法。无论做什么，他们都会考虑到时间这一维度。时间成了各种工作方式的先决条件。他们通过不断努力、不断改进来改变工作方式，改变实现目标的方式。久而久之，这种微调也成了一种习惯。

完美时间

最后再讲一点。在时间管理这一领域，在很大程度上，那句老话"永远不要让'完美'成为'不错'的敌人"非常恰当。无论如何管理时间，你永远不会认为自己已经做得很完美了。没有什么能保证你永远不会再找不到东西，也就意味着随后有一些事情让你要花上比你想象的更长的时间，也不代表你永远不会受到打扰，尤其是在关键时刻遭受打扰。请记住墨菲定律：如果哪件事可能出错或者在不方便的时候冒出来，那么这就会发生。所以，管理好时间也不意味着你永远不会再自言自语地说："要是能再多点时间……"事实上，在许多工作中都有创造性因素。你启动事项、创新思维、反思过往、改变现状，而这一切都是在一个动态的环境中完成的，在这个环境中，有时似乎没有什么东西能在整整五分钟内保持不变。在这种情况下，总是会有新的事情要去做，因此你永远无法把"待办事项"列表中的各个事项一做到底。所以，要操心的不是有太多事情要做，而是没有足够的时间去做这些事情。

尽管我们无法做到尽善尽美，但取得进步还是确定无疑的。每节省一点一滴的时间，每提高一分一毫的生产力，无论大小，都会让你的工作方式为工作效率做出贡献。工作的方方面面都会大有改变，比如工作方法、时间效率等。这就意味着你必须积极筹划手头的事情，积极管理工作方式，才能产生最佳的工作效果，真正做到高效。正是在这一过程中，运用时间管理原则，学会正确的态度，可以起到帮助的作用。做到这一点，切实做到这一点，对你自身及你的组织机构都大有裨益，有些益处的产生甚至可以说是指日可待。

注意：越来越多的企业文化开始积极地强调从工作时长的角度关注生产力。不管愿意与否，越来越多的人在工作上花的时间越来越多。然而，有大量证据表明，加班的工作时长并不能直接提升生产力，甚至压力及疲劳会降低工作效率。

个人很难挑战这种文化，但也不应盲从这种理念。有效时间管理的理念在某种"工作日"的定义中发挥效力，而"工作日"这一定义会因人而异。不加思考，只是盲目地增加工作时间，取得的成就仅此而已。我在这里想说的是，通过正确的工作方式来改变习惯、提高效率，会带来好处。如果做到了这一点，实现了目标，那么"还要投入更多时间"所带来的压力就会减少。如果你在管理他人，创造文化，那么这方面或许值得考量［如果你没有读过我的《如何激励员工》（*How to Motivate People*）一书，那么可能在这方面你也会做得一团糟，这本书也是由科根·佩奇（Kogan Page）出版有限公司出版的］。

要点总结

- 培养正确的态度。

- 认识到管理好时间有助于提高生产力。

- 认识到良好的习惯可以发挥作用，并且更容易发挥作用。要下定决心培养正确的习惯（尽管最初也许会遇到点困难）。

第二章

高效时间管理的第一步

　　在许多活动中，活动整体都会大于活动各个部分的总和。例如，火炬杂耍需要的不仅仅是双手的特定动作。一边杂耍，一边要避免把地毯烧出洞来，这就取决于整体协调、注意力集中，同时要保证每个动作完成得恰到好处。时间管理也有异曲同工之处。关于时间管理的个别方法、理念及技巧会助你取得一些进展，可以让工作方式更为高效，但只有在宽泛的领域进行时间管理，才可以一直高效管理时间，从而确保时间管理一直保持高效。除非采纳正确的态度，否则时间管理将永远不过是热衷于技术，并且三分钟热血，随后便会迅速淡漠，无疾而终。

　　因此，时间管理不只是指文书工作井井有条，办公桌面整洁有序，还包括整个工作模式，毕竟工作模式是所有行动的基础，是工作各个方面的接合点。正因如此，我们接下来将反思全部因素，而不是个别因素，这些因素需要应用于剩余工作的那一部分及其所涉及任务的范围。从逻辑上讲，你首先需要评估你现在的工作方式，并以此为基础来考虑行动及未来可能发生的变化。

工作组合

无论你个人从事什么工作，无论你是经理还是高管，无论你所在的组织是何种类型，无论你涉入哪个职能领域，毫无疑问，你都要做许多不同的事情，也许多到不能再多。这些事情性质各异，复杂程度也不一样，涉及的时间尺度也不尽相同。有 1 001 件事摆在那里，从起草信函报告到规划整个组织搬迁，再到布置新办公室或推出新产品。更让人头疼的是，你可能同时有许多事情要做，许多优先事项互相重叠，还有可能相互矛盾。通常，工作给人的感觉就像上述所说的杂耍例子那样，你的"驾驭能力"——同时能做好多件事，是工作效率的一个重要参数。如果这超出了你的能力范围，那么就像杂耍艺人那样，危险的是可能不只掉落一根火炬，而是好几根。要想有效管理所有一切，就要对各种元素进行分类，这样做很有帮助。毫无疑问，有很多方法可以做到这一点，但只有四种方法似乎能让大局变得更有条理：

规划。规划是所有行动的先决条件。规划会涉及许多任务：研究、调查、分析、测试等。这一领域还可能涉及咨询磋商和最终的沟通规划，当然沟通是决策之关键所在。

实施。简单地说，实施就是去做，无论这些事情是无形的（对于无形的事情而言，关键是做出决策）还是有形的。具体任务可分为两类。

一是个别任务。这些任务互相独立、互不依附。这些任务可能是主要任务，也可能是次要任务。比如，一个写作任务可能只是两行长度的电子邮件，也可能是一份 20 页的报告。

二是流程任务。流程任务由一系列紧密联系的行动组成，要靠这些行动累积起来才能获取总体成果。办公室搬迁就会涉及这样的任务，这样的事情可能会摆在明面上，不需要描述出来。事实上，流程图可以提供一种很有益的工作方式，而且可以提高时间利用效率。这两类任务都非常需要与规划联系起来，无论是何种程度上的联系。

监控。检查非常有必要，可以确保事情以最佳方式推进，会带来预期的结果。检查可能很简单，例如报告要编辑一个草稿，或者用拼写检查器检查一下。监控有时可能会很复杂，比如像许多财务控制系统那样。

与人的沟通和相处。这一活动显然与其他三类活动重叠，但与人的沟通和相处在每个人的工作中都必不可少。很少有人（如果有的话）的工作会令其与他人隔绝，对大多数人而言，与人沟通和相处都是工作的重要组成部分，会占用大部分的时间，无论是向人交代事项、向人做报告、参加会议，还是以其他形式与人沟通和相处。

这四种方式都与目标及实现成果紧密联系。所有任务及所有行动都应着眼于总体目标，而且任务及行动本身往往意义不大。

效果最终要通过成就来衡量。不要把时间管理单单看成把更多活动塞到可用的时间之中，尽管这种做法可能是时间管理的一部分。时间管理必须有助于确保实现目标。这听起来可能有点陈词滥调，但绝不要忘记，活动绝不可与成就混淆。头脑中有了这个大局，我们就可以具体关注一下当前的工作实践。

评估当前的工作实践

你可能认为自己了解自己是如何工作的。也许你觉得自己对这一切太了解了，在这一点上你毫不掩饰。但不要被误导，觉得仔细考虑自己的工作方式就是浪费时间。从传统意义上讲，要想改进任何事情，都需要认清它现在的状态。这样做可以提供一个衡量标准，用来判断我们取得多大的进步。此外，这种分析可以提供有价值的信息，说明在哪里可以进行最大的改进，使得改进更加成功。时间管理当然也是这样，而且更是如此，因为在时间管理这一领域往往会产生错觉。如果我说开会花了太多时间，你可能会非常赞同。但做不必要的文书工作浪不浪费时间？社交活动是不是太多了？你是不是万事一团乱麻？当被问起这些问题，我们可能就有防备之心了，这可以理解。毫无疑问，从根本上讲，你的效率还是蛮高的，但也并非没有提高的余地。事实上，如果真有可能提高的话，大多数人都会更加珍惜时间，有更多的时间来完成任务，承担更多的责任。对大多数人而言，事实就是如此。

除了浮皮潦草地做些表面上的改变，你还需要了解一下自己的工作实践和压力，以及当下的时间都花在了哪里。复杂的工作会涉及许多活动。

> **练　习**
>
> 下一节"时间去向何方"可以作为练习的基础。你可以循序渐进，看一看你当前的工作是如何一步步攒下的，也可以利用这些理念来做一个更特别的评估。不管怎么做，在继续考虑时间管理的细节时，你都要诚实记下来自己目前是如何应对一切的。

时间去向何方

你可以通过两种方式思考这一问题。一是估算，如果有必要，瞎猜一下也无妨。你可以在饼图上以百分比的形式进行估算，这非常容易（见图2–1）。左边的饼图简单地将被动时间（比如现场销售咨询的时间）与其他任务所需的"可规划时间"分开，被占用被动时间是无法避免的。右边的图表示如何衡量具体任务（根据你的工作类别，事无巨细地列出各种事情）。

A   B

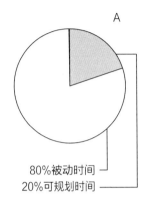 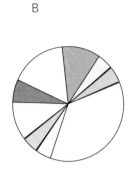

80%被动时间
20%可规划时间

图 2-1 规划有限的"可规划时间"

二是使用时间日志（见表 2-1）来了解更准确的情况——通过文字来记录你一天中做过的事情，至少持续一周，如果可以的话，时间再长些（做记录这种琐事只需几秒钟，但必须一丝不苟地完成）。

表 2-1 个人时间绩效日志（例）

名称:＿＿＿＿＿＿＿＿＿＿　　　　说明:＿＿＿＿＿＿＿＿＿＿
日期:＿＿＿＿＿＿＿＿＿＿

编号	开始时间	活动描述	耗时（分钟）	优先级 * A　B　C　D	说明
1					
2					
3					
4					
5					

（续表）

编号	开始时间	活动描述	耗时（分钟）	优先级 * A B C D	说明
6					
7					
8					
9					
10					
11					
12					
13					
14					
15					
16					
17					
18					
19					
20					
21					
22					
23					

* 将列与你使用的优先级代码联系起来。　　总计耗时
（分钟）：＿＿＿＿＿＿＿＿＿

　　很少有人在做记录时不感到惊讶，而更令人惊讶的可能是，在某些领域花费的时间比想象的要多得多，或者某些事情花费的

时间没你想象的那么多，但主要是前者。因此，人们通常会想到在有些领域明显需要反思。

在本次反思的第二阶段，你可以再次使用简单的饼图，列出你理想的时间分配比，这可能会很有用。这样一来，你的脑海中就会清晰地呈现出正在努力实现的目标。在继续读下去之前，你有必要建立这样一个大局。

所有这些都会给你一些目标，并在采取行动时逐步告诉你，该行动是否会产生积极影响。你如果在查看这些信息的同时查看所有其他的审查要点，那么可以更清楚地看到你是否能够采取行动来改进一些事情，以及这些要点是否涉及对你至关重要的方面。请记住这些，然后我们开始研究一个时间管理的基本原则，也许是最重要的原则。

做好规划并执行规划

当然，要想在时间管理上取得任何真正的进展，都需要制订一个规划。不过，这必须是书面规划，必须定期审查、定期更新；对大多数人而言，这就意味着每天都要检查一次。我重复一遍：书面规划，定期检查，定期更新。因此，这个规划有时被称为滚动式规划。你不仅要定期更新，还要提供任何特定时刻的工作负荷快照。因此，该规划应该准确、完整地显示你近期的工作计划，并列出明确的未来事项。展望未来，有一些事情会很明确，例如何时必须编制提交年度预算。其他方面则不那么明确，当然，很多事情根本无法预料到。简单来讲，这样的规划只是一个表单，列出了一系列待办事项。这个规划可能包括：

- 日计划；

- 周计划；

- 定期（每周、每月或每年）要做的事项；

- 下个月的计划（可能与规划表相互关联）。

这一规划的确切布局取决于工作的时间跨度。重要的是，这一规划对你有效，而且很明显。不同类型的活动都会显示出来，并且与日志及预约系统有着明确的联系。如何设计这样一个表单、如何使用这一表单来改进工作、提高效率，都很重要，但系统本身及定期审查该系统所带来的思考也很重要。这是建立时间管理纪律的基本因素，它提供大部分信息，而你必须依靠这些信息做出选择——选择你要做什么、要授权什么、要推迟什么或者要忽略什么、要用什么样的顺序来处理这些事情等。有了良好的时间管理并不意味着可以一劳永逸，再也不必做出诸如此类的决定，但却会让你更容易、更快地做出决定，能够做出真正有积极意义的决定，这样就能完成更多的事情，以最好的方式实现目标。

如果这么做听起来已然非常困难，那么请不要丧失信心。我认为更新及监测滚动式规划的过程本身并不会成为一项繁重的任务。受工作模式影响，滚动式规划每天都会有些许变化，但平均而言，这可能只需要几分钟就可以搞定。以实际情况为例，我觉得有好多急事等着被处理，我忙得不可开交，而我这方面的文书工作每天可能都需要五分钟，但重要的是，做好这样的安排就可以免去每天在没有条理的"杂耍"上花更多的时间。

处理无法驾驭的事情

最后一点至关重要。有些人，也许是大多数人，都认为自己每天都很被动。有些事情根本无法预测，至少个别情况无法预知，而且总有一部分可用时间因为这些事情而被消耗掉。这种活动并非无关紧要，事实可能恰恰相反。例如，一家商业公司的销售经理或营销经理可能会收到来自客户的各种询问，这些询问非常重要，必须及时处理，但是他如果要处理这些询问，当然就很难再安排时间做其他事情了。有时我们对此的反应是，由于存在诸多此类被动因素，我们无法进行规划，或者无法进行有效规划。然而，事实恰恰相反。如果你一天中确实会有这种随机活动，甚至一天中的大部分时间都要用于处理这种随机活动，那么规划就更重要了。因为这样一来，你可以用在其他工作事务上的时间自然会更少，所以你必须更仔细地规划时间，以便最大限度提高时间利用效率。

每个人都需要一个规划，以清楚地了解要做什么，因而从中获益。如果没有这种规划，那么设定规划可能会需要一些时间，但这些时间花得是值得的，而且之后的更新也不需要花很长时间。一旦有了规划，你就可以开发出一个适合自己的系统，这一系统能够随着时间的推移适应你的工作及职责变动。

什么样的系统

到目前为止，我忽略了一个问题，那就是这个规划过程需要做哪些文书工作。许多关于时间管理的著作都与特定的专有时间管理系统密切相关，包括记事本、文件、活页夹等。有些人甚至声称，实现时间有效管理的唯一途径在于使用他们的特定系统。如果这个系统适合你的话，那就很好，但我还是建议你在使用任何特定的系统之前要谨慎一点。

我不会推荐任何一种系统。事实上，我自己也并不使用任何品牌的系统。但这并不是说我不认可任何品牌的系统。我认识的一个非常井井有条的人就使用某一品牌的系统，并非常推崇该系统，但我也认识一些人，他们完全算不上做事井然有序，而他们的桌子上也到处放着他们选定系统的活页夹及卡片索引，所以说这些系统肯定算不得什么灵丹妙药。许多系统都具有局限性，也就是说，许多系统只能以特定的方式使用，可能并不适合你及你的思维与工作方式。因此，存在一个真正的危险，那就是如果你使用一个系统，而这个系统中的某些元素对你却不起任何作用，那么你可能就会对整个系统失去信心。有一个更好的方法是，或许应该先弄清楚你需要什么。你可以问一下自己：

- 我需要什么样的记事本？

- 我需要多大空间放笔记？

- 分成多少部分才适合我的任务分组方式？

- 什么需要永久归档？

然后，你仔细考虑好需要什么，并以这种方式工作一段时间（在这个过程中，你几乎肯定会根据事情的实际工作方式来做一些改变），然后就可以检查一下这些系统，看一看这些系统中是否有哪一个能让你做事情更正规。此外，因为这些系统可能会很昂贵，所以投资要做到物有所值，否则的话，许多人可能只需要一个记事本、一个笔记本或一个文件就可以把工作打理得有条不紊了。最后，我建议大家使用活页记事系统（我使用的是桌子大小的 Filofax）。将一个整洁利落的系统与灵活性结合起来，以便准确地囊括你需要的内容，这是最重要的。毕竟，系统必须反映出你的规划，因为你想要打理的是你的时间。

注意：当然，这种系统也可以是电子系统，你可以把这类表格放在屏幕上，而不是放在纸上。我建议，在选择最适合你的东西时，你有必要进行诸如以上的思考。另外，还有两个因素也要考虑。第一，考虑一下你是否需要与组织中的其他人安排你的工作，实际上可能会有一个规定所有人都要使用的系统。第二，考虑备份——如果整个记事本和计划系统都弄丢了，那么当然它们对你的工作效率就不会有多大帮助了。无论使用什么系统，你一定要确保它的安全性。

现实表明，适合每个人的系统根本不存在。不管选择哪种特定的记事本布局，你都必须根据你的需求做出个人决定，其他必要的内容则会反映出你的工作方式。你必须自己做决定。我只能说，我所有的经验表明，要灵活一些，最好使用量身定制的系统，这可能是最佳之选。

制定明确的目标

任何计划的好坏都取决于其背后的目标。目标明确真的很重要，缺乏明确的目标会影响到一个人工作的方方面面，尤其是时间管理，有时我们甚至根本无法察觉这种影响。

SMART 目标体系

提倡制定明确目标的格言无处不在。这些格言提供的建议都很合理。我们确实需要明确的目标，这些目标不可以是模糊的或笼统的希望。有一个缩写词，如今为人们所广泛引用，这个缩写词就是SMART［具体（specific）、可衡量（measurable）、可实现（achievable）、现实（realistic）、时效性（timed）］，阐明了确立目标所涉及的原则。举个例子，可以帮助我们明确这一点。我经常进行管理技能培训，培训时常讲到正式演讲所需的技能。顺便说一句，在正式演讲所需技能这方面存在任何弱点都会浪费时间，会让准备演讲所需的时间更长，甚至更痛苦。好的演讲技巧可以节省时间。但我好像跑题了。

我很容易将这个主题研讨会的目标定为确保参与者"做好演讲"而已，而这种表述不够清晰，所以不太实用。演讲技巧课程的目标应该是：

- 具体。让参与者未来的演示方式及风格能够适应各自的受众，从而强化演讲者传达的信息。

- 可衡量。换言之，我们如何得知目标是否已经实现？在这种情况下，答案说到底取决于未来演讲的结果。但我们也可以认为，培训师或小组，或双方，都可以根据演讲中遵守培训标准的状况，待活动结束时，在一定程度上判断目标是否已经实现。

- 可实现。能够做到吗？在这种情况下，答案将取决于演讲前的现行标准。如果这些人缺乏经验，而且演讲水平很低，那么答案或许是不能。如果，正如我们依据进步楷模所设想的那样，这些演讲者足够资深、经验丰富、在演讲领域有一定的实践经验，那么目标应该是可以实现的，只要时间充足，计划得当。

- 现实。说到最后一点时，如果时间不够的话，那么目标可能就不太现实。我们就可以认为，这些演讲者的技能可能会得到提高，但短时间内这不太现实。

- 时效性。在培训方面，时效性会反映在课程的时间安排上。可能规划为一个月，因此在此时间之前无法实现目标。我们还要考虑持续时间跨度：一天、两天或者几天的计划能完成这个任务吗？

要想有效管理时间，需要做很多事情来解决冲突，决定优先顺序。如果没有明确的目标作为参考，那么这一切都无法实现。

我可不想在这里长篇大论地讨论目标设定的问题。我只想说，目标设定对公司的一切都很重要。公司在明确的目标下运作得最好，当个人清楚自己期望实现什么目标时，管理体系的运作效果最好。你要考虑一下你自己的立场。在这方面有没有什么不明确的地方？目标是否会给你的工作方式带来问题或者冲突？如果对第一个问题，你的回答为"是"，那么你可能会对第二个问题做出同样的回答。

注意：除非有明确的目标，将其当作整体工作描述的一部分，否则你永远不会成为一个好的时间管理者。如果你没有明确的目标，那么缺乏明确的目标就是你必须解决的问题。

在这一点上，我们可以评估一下摆在桌面上的一些关键问题。如果你对现在时间的去向有着清晰的概念，或者有（书面的）计划（与你的工作目标有着明确联系的计划），那么你就可以带着某些期望去工作，从而达到合理的效率。但许多因素都可以提高生产率。有些不仅是基本因素，还堪称典范，可以说明什么方式（最终习惯）会对你的工作实践产生重大、长期的影响。下面的例子对希望真正做到高效利用时间的经理来说都具有巨大的潜在价值。

未雨绸缪

我们可以把未雨绸缪稳妥地称为"如果"学派无效时间管理的反义词。人们经常会发现自己身陷危机，可要是我们能让时间倒退回去，就能易如反掌地解决危机。"要是我们早点这么做就好了……"，我们一边这么说，一边花上大把时间考虑如何梳理工作，这十分混乱。坦白地说，虽然意外会时常发生，但是危机管理太过普遍，而且往往根本没有必要。当然，如果不去应对危机，只能慌乱成一团的话，那么妥善应对危机就可以节省时间。

以下文本会对应对危机做一点评论。

不要恐慌

无论危机因何而起，影响如何，你都必须遵守一个规则，那就是"永远不要把危机当作危机来对待"。恐慌就意味着缺少常规管理流程，而在这个时候同样需要所有常规管理流程，也许比平时更需要。要有一个系统的方法（要养成提及危机的习惯，尽管是在心理上养成这种习惯），把这个方法当作避免恐慌的第一步，这非常有用。不假思索地盲目行动很少能实现精确应对，挽救局势，而且随之就要采取第二阶段的行动，可能会造成更多损害，浪费更多时间。因此，你要遵守以下规则：

- 保持冷静，不要恐慌。

- 思考（花足够的时间思考清楚，更为重要）。

- 考虑一下能够解决问题的全方位管理技能（这些技能可能包括一些简单的策略，例如授权某人某些直接的行动，就可以给你时间去解决更复杂的问题，还有更激进的解决方案，比如审查政策）。

- 制订行动计划（如果涉及某种程度的复杂性，制订行动计划则尤为重要）。

- 考虑一下正在进行的行动计划的控制因素（简要地创建一个机制来显示进展情况，从而让你知道危机何时解除）。

那么，要深思熟虑，然后再采取行动，这样就可以系统性地解决问题，至少可以最大限度地解决问题，毕竟我们无法让时间倒流。最后，你不仅要注意吸取教训（以免重蹈覆辙），还要注意整个事件可能带来的任何积极影响。

乐观思考。汉语中"危机"这个词由两个字组成：第一个字表示"非常危险"，第二个字则表示"机会"。无须多言。因此，你需要注意协调事物。危机可能会带来压力，大多数工作都会涉及如何在偶发的危机中幸存下来，尽管更为重要的是，要尽量避免在工作中遭遇危机。正如安东·契诃夫（Anton Chekhov）曾说过，"就算是白痴也可能知道如何应对危机，而让你筋疲力尽的是日复一日的日常生活"。

如果事情拖得太晚，或者考虑不周（这两种情况经常会同时发生），那么时间就会浪费在匆忙的尝试之中，尽管我们很想在短时间内解决问题。如此一来，任务往往会变得越发困难，也会受到当时常规责任的冲击。你如果能养成未雨绸缪的习惯（比如使用如上所述的系统，就可以帮助你提前思考），就更有可能知道什么时候真正需要开始做什么事。

有些人发现，在脑海中很难"浮现出"关于未来工作及任务的模式。有一个非常有用的辅助手段，那就是规划或者挂图。通过规划或者挂图，你可以创建一张图片，在上面标注各种活动，而这样的图表呈现出来的时间跨度比记事本的页面要清晰得多。图表可以做成各种形状、各种尺寸：有些标注当年的活动，实际上就像一个大记事本；其他的则是为具体的任务而制定的；还有一些是为你自己而设计的，可以用来补充细节。大尺寸的可以是各种各样的贴纸，用来突出显示重要的活动；其他的可以做成带有磁性的，可以一劳永逸，及时更新日程指引。

然而，无论怎样记录事情，你都要养成未雨绸缪的习惯，同时不能让其影响完成当天的工作量，这很关键。学会预测问题，了解如何发现机会，可以在短期内给你的工作方式带来真正的改变。

花点时间来节省时间

无论你想采取什么行动（有很多行动可以采取）让自己做事井井有条，这些行动往往都可以分为两类：一类简单实施就好，只需片刻；另一类是必须花点时间才能建立起来，也许需要一段时间才能养成的工作习惯。如果局限于前者，那么你永远无法最大限度地提高时间管理效率。因此，回到前面的一个例子，那就是"求人莫若求己"，短期内这个观点通常没有问题。对你来说，这样做更快，没错，但这只限于事情发生的那一刻。

　　这是需要成为某种本能反应的一个区域，这样说足以概括。每当你发现自己是在这个前提下采取行动的，你就应该停下来思考一下你正在做的事情是否正确。有没有一条更有效的长期路线？做的越多，节省的时间就越多，能做的就越多。这会产生一个良性循环。这个问题值得思考。要下定决心，不要陷入隐含的陷阱，这样就可以在未来节省大量的时间。从逻辑上讲，这种更为深思熟虑的方法会引出下一个主题。

花时间思考

　　在培训类电影《思考时间》（*Time to Think*）的结尾，本片的主角，一位已经开始将时间管理得更好的经理，坐在办公室里。一位同事走进外面的办公室，从秘书身边走过，去见这位经理。秘书拦住了这位同事，说经理很忙，建议他另行安排一个时间，稍后再来见经理。这位同事从秘书身边看过去，看见经理就坐在办公室里（就在玻璃门后面，一览无余），于是就说："但他没忙什么啊……"秘书马上回答道："他在思考。那你是想今天下午见他，还是……"这件小事告诉我们一个很有价值的道理。

　　一般来说，在组织里层级越高，就应该越多花时间去思考、规划、决策，而不是做其他事情。同样，在工作中，思考、计划和创意通常最为重要。

在什么时候最难保持不被打扰？多长时间才算是足够的时间呢？留出思考的时间很重要。毫无疑问，许多工作都需要一定的创造力，就像稍微改变一下方法或制度就能够带来一些更激进的发展一样，这对后者同样重要。我在培训方面的工作似乎表明，在压力很大的工作场所越来越难发挥创造力。给自己多留一些时间来进行创造性思考，无论是独自思考还是在团队中思考，这可能是有效时间管理发挥效力的最重要方法之一。回到你对时间的分析之中，你如果有时间日志（如果没有的话，你应该做一个），最好分析一下你的时间日志，看一看这些活动是如何显示的。这些活动得到了所需的时间，还是被其他压力及更紧迫的事情挤出了日程？我早些时候建议过，要用时间及任务明细作为指南，这可以将时间分配得更为理想、细致。要确保你的目标是创造足够的思考时间，可能最重要的是，要确保你为实现这一目标而采取的行动不会被不必要的危机所抵消。如果在这方面没有什么抓手来接近理想的话，那么所有目标都可能面临危险。

准备好说"不"

这在很大程度上是第一原则，但需要一些决心才能将这一原则贯彻到底，所以在阅读本书剩余部分时，你最好牢记这一

点。每个人都必须承认，我们不可能凡事都亲力亲为。我们必须
从字面意思来理解这句话，因为但凡某项工作有某种内在的创新
或创造性本质，就可能意味着你要有几乎无限多的事情去做。许
多人都可以陆续列出越来越多要做的事情，虽然不是所有事情都
同等重要，但每件事情都在"待办事项"清单上占有一席之地。
即使你的工作不是这样，你也必须承认，你不可能在想做什么的
时候就去做什么。无论是在数量还是在优先级方面，你都必须对
某些人说"不"。值得考虑的不是你遗漏了什么，而是你对谁说
"不"。比如，你可能必须拒绝：

- 同事。这可能会涉及各种各样的事项，而且如果有一个互
  助网络，每个人都在帮助其他人，那么无论如何，你都不
  想失去这个网络。如果你拒绝次数太多，最终就会损失时
  间，因为人们不再乐于帮助你。你如果不假思索地照单全
  收，就可能会被视为一个好拿捏的人，最终所做的事情远
  超你分内之职。因此，在这方面，努力平衡、抓住时机是
  关键。突然出现在眼前的事情，不一定要马上去做。

- 下属。下属不可能来安排你做事，而当他们需要支持时，
  你也不要打乱你自己的节奏。

- 老板。有些老板手头没有那么多事做，而有些老板会颐指
  气使，希望所有的工作都能立即完成，为这样的老板工作
  可能会破坏时间管理的最佳意图。你可能需要担负起使命，

教育一下老板，去说服他，或与其磋商，以便减少不合理的负担。

有了所有这些准备，你需要下定决心，在接受某个事项之前先做一番思考，并摆脱一些潜在的牵涉，即使这些事可能对你蛮有吸引力。但事情到这里并没有结束，因为最难拒绝的人可能就是你自己。你总是有很多理由对某些事情说"是"：不想冒犯别人，不管什么事你都可以去做，不考虑这件事对自己当前工作量的影响，等等。在这方面，我们都有弱点，必须警惕自己的这种倾向，因为这会让我们偏离优先事项。你要下定决心，在与他人相处时保持坚定立场。说"不"是一个节省时间的基本方法。查尔斯·哈登·司布真①说得很好："要学会说'不'。对你而言，学会说'不'比会读拉丁文更有用。"

要不要做到（完美）

大多数人都很在意所从事的工作，都想把事情做好（你如果不属于这一类人，可能就不会读本书）。我跑题了，这有浪费你时间的危险！有些人则更进一步，这些人属于完美主义者。既然

① 查尔斯·哈登·司布真（Charles Haddon Spurgeon），英国基督教浸信会布道家，被称为"清教徒的承继人"（Heir of the Puritans），著有《清晨甘露》《静夜亮光》《都是恩典》等作品。——译者注

有可能把工作做到极致，我当然不会主张任何人在工作中偷奸耍滑。然而，事情总有两面，罗伯特·海姆勒（Robert Heimleur）的一句话很好地总结了这一点。海姆勒（也许是绝望地）说："他们不是想做得多么好，他们只是想放到周三再做。"事实上，要想达到完美，就需要时间，然而不管怎样，并非总要做到绝对完美。做事可能需要仔细、彻底、全面，但可能不需要花时间把每个细枝末节都做到尽善尽美。对于那些天生的完美主义者来说，很难做到不追求完美，许多人都有追求完美这一特点，至少在某些事情上，但我们必须寻求平衡。一个关键的平衡就是质量（工作的完成标准）与成本及时间之间的平衡。这一平衡需要有意为之。

总是要去做一个权衡，而权衡并非总能轻而易举实现。通常，我们必须做出真正的妥协。成本通常是权衡的关键因素。在许多事情上，要获得你想要的最终质量往往并不困难，但前提是高额成本不在话下。在大多数工作中，考虑预算因素是第一要务。通过这些角度来思考事情，并实事求是地这样做是很有用的，这样你就可以考虑什么有必要，以及（或者并不是这样）是不是仅仅出于期望或理想。在这一过程中，有一个关键因素需要考虑：你的时间是一个重要的（有时是最大的）成本。

对有些人来说，时间很容易就消耗掉。像会计师或咨询师这样的人会按天或小时收费，所以他们对涉及的成本很敏感。在一个组织中，不仅要考虑把工资换算成小时的成本问题，还必须考虑到在公司工作的许多其他成本。这些因素会包括除工资之外的其他雇用成本（福利、养老金、国民保险供款等）、办公空间的租金以及随之而来的各种支持及设备［从秘书（如果有秘书的话）到电脑及信息技术支持等］。

　　值得做一下这种计算，最终的数字可能会让你感到惊讶。在考虑管理时间的方方面面时，比如是否要出差、举行会议或参加会议等，这个数字可以作为一个有用的基准。我重复一下，要千方百计确保所有必须完美的事情能通过某种方式做到完美。否则的话，你就一定要始终记住质量与成本及时间之间的平衡。如果在质量上要求没有那么苛刻，不去寻求在某些情况下不必要或不可取的标准，就肯定可以节省时间。

工作要靠巧劲，不要靠时间

　　提高工作效率的方法不在于工作时间的增加。这一说法从术语角度来看，似乎自相矛盾。你如果投入更多的时间，就会取得更多的成果吗？是的，当然，答案直截了当，会。然而，问题是，这么做也是有限度的。我们都一样，每天只有 24 个小时［除非在半人马座阿尔法星系（Alpha Centauri）中那些长着触角的生物去卖命为我们解决时间管理问题］。这一点亘古不变，我们用于投入工作的时间是有限的。

　　有趣的工作不允许有严格的朝九晚五的工作态度，这似乎是生活的规则之一。在某种程度上，可能也正是因为如此，这些工作才会那么有趣，所以我不主张严格的朝九晚五。但说来说去，有所付出，就有所收获，努力工作一定会带来成果。但对大多数人来说，恰恰是在这个方面，必须实现另一种平衡：工作与家庭、外部利益和家庭义务之间的平衡。如果你过分醉心于工作，那么其他事情——这些都很重要，就会受到影响。此外，如果造成损害，那么这种损害会比较隐蔽。你可能意识不到有什么困难，而意识到的时候却为时已晚，因为这些困难已经开始引发一些现实问题。

　　答案就是寻求平衡。事实上，你可能想在这一点上为自己制定一些规则，明确一下工作、差旅或花费在特定事情上的最长时间。此外，对于那些身为管理者的读者而言，请记住，你所管控的团队的工作能力比你个人的能力大得多，因此，从团队的角度看待事情总是很有意义，所以你不要总是选择让自己去做更多的事情。最后，工作时间过长可能会引起误解，让别人觉得你效率低下，这大概与你想表现出来的恰恰相反。比如，在某些情况下，要完成一个特定的项目，加长工作时间很有必要，但工作过久可能会导致标准下降，带来风险，因此更有智慧地工作应成为更吸引人的一种选择。这件事情值得深思（虽然不至于思索到深夜），以便确保你创建的工作模式可以通过这种方式达到完美的平衡。

注意：关于长时间工作的另外两个想法也很有价值。首先，一个组织的文化在这个领域可能会失控，人们觉得他们的工作时间必须长，别人才会觉得好。如此一来，这不仅会有降低生产力的风险，还可能会导致现实的混乱，因为长时间工作最终会对家庭生活（和动力）甚至健康产生负面影响。管理者应该密切关注这一点。其次，有人抱怨说，在通勤上花费的时间太长了（尽管这对于某些人而言，可能取决于能否在拥挤的车厢里找到座位），因为人们不仅可以利用现代技术检查、回复电子邮件，还可以完成更复杂的任务。虽然这可能是对"停滞"时间的有效利用，但做这些事情一样要求合理、平衡，管理者应关注工作时间的总体情况。

奖励自己

这个建议可以激励你更好地管理时间，确保自己在工作时持续思考。我已经说过，时间管理并非易事，需要尽心竭力，所以你需要激励自己，给自己一些真正的理由，让时间管理发挥作用。你需要的不只是完成文件栏里的所有工作。无论何种情况，即使是最有效率的人也可能永远做不到这一点，尽管在某些方面，你所取得的成就及取得成就的方式足以作为回报，但你需要的是与自己在管理时间方面的成功更具体地联系在一起的东西。

因此，为自己设定具体的时间管理目标，并将这些目标与这些目标对你的帮助联系起来，这很有意义。赋予自己一种个人满足感，这样你就会清楚地意识到，你只要在时间管理上取得想要的成功，就有可能做好其他事情。这样做的奖励可能看起来很小，而且是比较个人化的（这些奖励对他人来说没有太大意义）。举一个例子，可能就会说明问题。

以我在本书上所做的工作为例。我构思了一下，同意了这个项目，但这需要一些时间。这项工作分为几个阶段：研究计划书中的内容，建立篇章架构（确定每一部分的内容及顺序），实际撰写本书，最终编辑，然后将手稿发送给出版商。我发现了手提电脑的好处，我喜欢在旅行时做一些书面工作，而出国旅行往往需要相当长的时间，所以这部分时间——坐飞机的时间可以很好地加以利用，对于其他那些还有可能会浪费掉的时间，都可以很好地加以利用。研究及规划很难在旅途中完成，因为这需要太多的文件，需要太大的空间，所以如果我能够完成这项任务，并且在开始旅行时进入写作阶段，那么这个项目就可以随身携带，也易于管理。所以，通过这种方式，及时完成最初的工作，就可以方便我去旅行，这成为我的一个私人目标。作为回报，我就有了一个合适的任务，伴我旅行。这看起来似乎无足轻重，但关键是我觉得这样做很有意义，这才是最重要的。

　　如果你能以这种方式进行思考，并给自己一个奖励，最好是一堆奖励，那么你的注意力会一直集中，你会一直关注时间管理能为你带来什么益处。良好的时间管理的一个主要结果就是能够见缝插针地安排一些项目，否则这些项目就会被拖延、缩减甚至忽略。把这样一个特别的项目当作奖励，找出在其他领域完成这一项目的必要条件，这样你就更有可能获得你想要的结果。

保持良好的规划

　　到目前为止，反思的一切都将对你有所帮助，为提高时间管理效率奠定更好的基础。特别是，这将帮助你在工作的总体方法及具体活动领域采取正确的态度。就像我们规划好要去做事一样，光有态度还不够，因为要想好好利用态度所要求的原则及技术，我们还有一段路要走。在现实生活中，良好的规划有一种习惯倾向，就是在特定的时刻弃你而去，使你转而追求权宜之计或者让你陷入恐慌。想起来很容易，而做出更全面的规划则没那么容易。你想对更多的请求说"不"，但坚持这么做可能有些困难。然而，有些人发现，如果还没有适当地考量，可以先从一数到十，然后再决定是否接受那些不太受欢迎以及可以避免的请求，这个办法确实奏效。人们不会匆忙地回答"好的"，而是给出经过深思熟虑的回复，也许这个回复本身就会表露出不想参与的意思。当然，这种做法也绝非万无一失。然而，如果采纳这样的策略，通过某种方式避免接受请求，就会产生价值，这很有用。在其他领域，你也可以采纳类似的想法。如果你工作有条不紊，也安排得井然有序，那么这种做法的效果更佳。在下一章，我们将探讨如何在混乱的现实中建立某种秩序。

要点总结

- 检查当前的做法，这样更容易进步。

- 设定明确的目标，"规划好各种计划"，这是良好的时间管理的基础。

- 成功在于细节。

- 这是一个累积过程：在一件事上做一些改进，在另一件事上再做一些改进，而且原则会带来良好的习惯，好习惯会保证整个过程的效率的最大化。

第三章

组织有序（并保持下去）

有条有理与时间管理相辅相成。组织有序可以创造适当的时间环境。组织不善会在不知不觉间变得越来越严重；如果每件事所花费的时间都比应该花费的时间多一点，日积月累，就会降低效率，但这是不可避免的。即使是小错误或小遗漏，如果在一些活动中反复出现，也会产生重大影响，降低效率。而最糟糕的是，缺乏条理会导致真正的问题出现，甚至会让人身心俱疲。组织不善的人：

- 无法轻松找到文档及信息；

- 记事本一团乱麻，甚至有些事要反复预订；

- 往往要在各种任务之间"闪转腾挪"，努力去冲刺许多最后期限，而它们之间相互冲突，使你要连滚带爬地完成任务；

- 参加会议会迟到，而且准备不足；

- 放任文书工作激增，不管是电子形式的文书工作还是其他形式的；

- 没有明确的优先事项；

- 工作一团混乱；

- 沟通不畅，记录不充分。

因此，他们最终只是重复付出精力，浪费时间，错过最后期限。即使他们显然已经投入了所需的时间和精力，交付依然不充分，结果仍旧不圆满。更糟糕的是，在某些方面，其他人都会把这种糟糕的表现看在眼里，从而受到影响。与这样一个人有工作上的接触的同事会深感不便，这就会攒下一个不可靠的名声，不仅会影响工作，还会影响个人晋升、前景等。

我敢肯定，这一切都不是在说你（毫无希望、杂乱无章的人肯定不会拿起这样一本书）。但我们中的大多数人都会在这幅画面中看到自己的一小部分。我们不需要多少想象力也可以看出，即使只具备上面提及的几条也会产生糟糕的影响；也许，在某些情况下，记忆比想象更能证实这一观点。

要重视杂乱无章这一缺点，固然没有错，但如何能够做到组织有序，并保持下去呢？上一章中提到的关键是制订计划。因此，我们将回到这一点上，不仅要考虑制订计划，还要考虑实施计划。除此之外，还有许多不同的因素可以对组织状态产生积极影响；接下来我们来看一看这些因素的一个"不让人感到难为情的组合"。有些想法看似很简单，但却可以产生重大影响。其他想法则更为基础。所有这些想法可能都需要做一些思考，以便见缝插针，把这些想法融入现有的工作方法，而且许多想法轻而易举就变成习惯了，这样我们就不必再浪费时间思考如何实现这些想法了。首先，让我们回到计划。

制订计划

制订计划不只是做一张记录"待办事项"的列表。我们必须以正确的方式记录任务，这使得重新查看列表的方式可以遵循某种模式，十分有效。其中一种模式就是所谓的 LEAD 模式，其含义有：

- 列出（list）活动。这一任务必须全面完成，尽管是以注释的形式完成，因为你不希望列表变得无法管理。

- 尽可能地准确估算（estimate）每个项目需要多长时间。

- 为意外事件留出（allow）时间，因为总有些事情要花费更长的时间，比你估计的最佳时间还要长；也要为日常任务留出时间，就是为那些日复一日都要规律地去做的事情留出时间。

- 决定（decide）优先事项。这一步是时间管理的关键，也是时间管理最重要的方面之一，对任何人而言都是如此。

我们要浏览计划，大概每天做一次全面回顾。（当在办公室时，我喜欢在每天结束时这样去做，根据当天发生的事情进行更新，然后在第二天早上收到邮件或电子邮件时进行快速回顾。但重要的是要找到适合你自己的浏览计划的时间。）

　　我们应将这个过程当作一个例行程序。还需要采取什么其他行动将取决于你的日常工作模式。我们可以即时考虑一下一天中可能会突然出现的问题，随时将它添加到列表之中，也可以把它放在一边，在下次回顾时纳入计划。我发现黄色便笺纸无处不在，而且很有用（比如 3M 的便利贴）。在这些东西出现之前，我们都是怎么做的呢？这些便笺纸可以用来做一个简短的笔记，附加到计划表中，稍后再以永久的形式合并。

　　这种回顾及记录周期是时间管理的核心。专有系统以特定的方式进行事务列举，将事务分组，并按主题排列；如果这样做可以提供帮助，就很好，但许多人发现他们自己的系统虽然简单，但却可以发挥非常好的作用。将一张纸划分成若干区域或使用不同种颜色，或同时采用这两种方法，差不多可以做成一张完整的列表，使其内容更容易被理解。你如果将项目都明晰地列了出来，并且认真地审查了表单，就会掌握最新情况，当然也就不会忘记任何事情。

职场或居家工作模式

　　在编写本版时，新冠肺炎疫情一直肆虐，而且发展到了一定程度。在新版发布后，我们将如何应对新冠肺炎疫情，这个问题的答案尚不清楚，但我认为可以肯定的是，越来越多的人会继续留在家里工作，或者分解工作，一些居家完成，一些上公司去做。

对于自由职业者来说，居家办公（WFH——居家办公这种工作方式已经有了自己的缩写）堪称常态；而对于其他人来说，他们还需要一段时间来适应。在居家办公时，受到打扰的情况通常比较少见，尽管可能有些新情况会让人分心。例如，有位同事很烦人，平时打扰都是面对面的，而现在则换成了发送电子邮件，还无休无止。但其他打扰可能来自家庭，比如有一只小狗需要遛一遛。

如果待完成的任务可行的话（并非所有工作都可以这样做），总的来说，在生产率方面通常会有净收益，但还需要做一些组织工作来使生产力发挥最佳效力。这些组织工作包括：

- 关于何时工作、工作多长时间，要培养一些习惯（或者制定一些规则）。这可能需要与组织原则相联系并且适应环境。例如，你可以分几个阶段工作，以弥补必要的工作时间，给居家完成个人任务留足必要的休息时间。

- 配备一个合适的工作区，这样就可以拥有所需的一切（最好是将其辟为专用区域）；配置的设备一定要运行顺畅，比如快速运行的宽带连接。

- 与办公室及同事建立沟通、报告及联络程序，以方便他们高效工作。如果大多是通过诸如 Zoom 这类平台去沟通的话，请记住，交流中的非正式部分——肢体语言、面部表情等，都很可能传达得不太清楚。

此外，你如果需要远程工作一段时间，就可能有必要改变一些事情的工作方式［"混合工作"（hybrid working）似乎就是用来描述工作组合的一个术语］。比如，如果你负责管理他人，一旦你缺席，可能就会影响大家的工作积极性，所以你在远程工作的时候可能需要以其他方式来强化管理效果。如果因为许多人都部分居家工作而产生诸多复杂性，那么可能需要额外的组织工作。在线工具在这方面可以提供帮助。当然，这些工具也会发生变化，但在我写本书的时候，这些工具（包括 Slack 和 Trello 之类的应用）可以用来协调团队计划、沟通及监控。

当然，居家工作有很多潜在的个人优势（例如减少出行、节省成本等），但也可能会有困难（例如两个人同时居家工作而导致的空间不足，许多家庭问题，等等）。强度也可能会更大，打扰则更少（这也是居家办公更高效的原因之一）。我们可能有必要提醒自己定期休息，尤其是长时间在屏幕上工作时。另外两个因素也很重要。

首先，有一个主要因素，就是创造力，所有相关人员都应该考虑这一因素。大多数组织都需要源源不断的灵感及创新，以便保持良好的运营状况，以有效应对市场及环境变化；从很大程度上讲，创造力来自人们的定期互动。毫无疑问，一些创造力的迸发非常正式，但通常却是人们在工作场所混在一起，随意聊天时激发出来的。如果人们所在的办公区域及互动频率发生变化，那么组织可能需有意做一下调整，以确保不会失去创造力。

其次，我们可以考虑建立一个网络。同样，这对从创新到推广及业务开发等一系列活动都很重要。居家工作或混合工作可能会扰乱活动流程，如果你不考虑重组或替换，那么产生的实际结果可能会是负面的。

现在，我正在家里修改本书。我居家做自由职业者已经很多年了，我认为这是我做过的最好的决定之一，而且效果不错，因为我已经为此做好了准备。有一个风险就是，企业工作场所内部及工作场所的各种工作要素逐渐降低了效率和生产力，人们几乎无法觉察到这一点，但创造力会随之受到影响。然而，许多人认为这很适合他们，差异只要能够得到承认和尊重，就可以很好地为组织及个人服务。

最后一点：你如果居家工作，发现居家工作会带来一些困难，那么请记住，比起在一个周围都是人的环境工作所产生的困难，这些困难可能就没那么突出。不要把事情堆积起来，这最终会成为一个大问题，你要学会发问。你可以询问一下经理，与同事商量一下，理清一下。你如果是一位经理，请用心倾听，做好记录，提供帮助。

批量处理任务

尽管许多人认为工作场所可以提供更好的条件，但现代工作场所比过去灵活得多，传统的朝九晚五模式现在都可以通过各种各样的方式安排开来。这里有一个因素值得一提：居家工作。对于自由职业者而言，居家工作可能是一种常态，但不同组织的许多人现在都部分公司办公、部分居家工作，形式各异。在这种情况下，员工通常会更少分心，尽管可能会出现新的因素使其分散注意力。例如，以前经常当面打扰你的恼人同事现在会无休止地发送电子邮件给你，但其他分散因素更可能和家庭有关，比如小狗需要遛一遛。

总的来说，生产力通常会有净增长，但企业可能还需要一些组织工作，才能达到最佳工作效果，这些组织工作可能会包括：

- 关于何时工作、工作多长时间，要培养一些习惯（或制定规则）。

- 配备一个合适的工作区，这样你就能拥有你所需要的一切（最好是把它变成一个专用工作区）。你要确保配备的设备都运行良好，例如快速运行的宽带。

- 与办公室及同事建立沟通、报告和联络程序，以方便所有工作高效进行。

因为有时需要远程工作，所以你可能也要改变一些事情的工作方式。例如，如果你管理他人，一旦无法到达现场，那么你的管理积极性可能会受到影响。如果由于许多人都要部分居家工作而产生复杂性，那么可能需要额外的组织工作。当然，在线工具可以提供帮助，尽管这类工具总会发生变化。在我写这篇文章时，这类工具（包括 Slack 和 Trello 之类的应用）可以协调团队计划、沟通及监控。

很多工作上的麻烦（大多数工作都有吧？）是因为待办事项列表本身就很容易变得无法管理，除非任务可以分批处理。良好的时间管理的首要原则就是将任务分批处理。再次强调，专有系统都有自己的一套方法，但唯一的衡量标准就是哪个系统最适合你。我更相信，确定类别的数量比精确配置系统更重要。设置三个或四个类别比较理想，因为这种做法易于管理。至于怎么命名这些类别，并不重要：

- 优先事项；
- 重要事项；
- 立即行动；
- 获取更多资讯；
- 阅读。

这里列举的只是一些选项（有人把事项分成 A、B、C 三类就可以管理得很好）。你可能还需要存档，可能还要考虑其他行动类别，比如打电话、文案工作、讨论（或许可以分为电子邮件或报告等类别），以及与专属你的业务及你在业务中扮演的角色有关的类似类别，比如提案、报价及产品、部门或系统的名称。这些工作必然属于文书工作一类。在这一阶段，要确定适合你的类别数量及标题，并确保这与你整理办公桌的方式没有冲突，这两点非常重要。你如果愿意的话，就可以在可控范围内将这类工作与你桌面上的文件盒或文件本身的一些区别的标记进行物理链接（顺便提一句，要注意办公室范围内的彩色编码系统，有相当一部分人是色盲）。就这一点，可以一起进行评论的就是事项，这非常符合逻辑，最常见的事项就是预约，日常使用记事本就可以自动将此类事件统一处理掉。

注意：另一类需要关注的事项也适合这种模式，我们需要高效地创建另一批需要定期（每日、每周、每月等）完成的事项。这些事项涵盖的事情可能迥然各异，比如备份计算机文件（及扫描病毒威胁）及归档常规信息（比如销售额或费用）。你需要设置明确的提醒，以确保不会遗忘或耽搁这些事情。

高效利用记事本

你必须有个条理清晰的记事本系统。许多正式系统可以将传统的记事本与复杂的"待办事项"列表结合在一起。在活页夹的开口处放一张每天完整规划的图片，显示预约及待办事项，这非常方便，效果显然不错，而活页系统就提供了这种便利。

如果不知道主记事本该包含哪些事项，就会给许多办公室造成困惑。办公桌上的记事本通常存放在办公室里，另一本放在高管的口袋里，有时会有更多的副本，例如贴在墙上或者放在计算机系统里的计划。需要明确的是，在适当的情况下，记事本需要在执行人员和秘书之间定期更新，他们必须沟通清楚，并了解谁在做什么。小事也会影响效率。记事本应该：

- 展示完整的细节，要足够清楚。如果一个条目上写着"R B 午餐"，那么它包含的信息量就很小——午餐在哪里吃，什么时间，你外出时别人能否联系到你，午餐会持续多久，尤其是在三周后你还会记得 R B 指的是谁吗？更糟糕的是，我知道有一个案例，在一个人的记事本里写着"牛津"，两天都是。这个人不在家，大概是住在一家酒店里，只告诉了家人通过办公室联系他。他的一个孩子发生了车祸，两天后他才收到消息。此后，他的记事本成了一个典型范例，用来强调记事本中的信息要清晰。
- 表明事项的预留时间（这有助于决定是否可以安插点别的什么事务）。
- 用铅笔填写，方便修改，不会造成难以辨认的情况。

记事本中的计划元素非常有用。当然，如果没有计划元素，我就无法开展工作。一个人如果开展工作需要对一个特定时期有一个概览，需要了解事项之间的关系，就会发现计划元素的价值是无限的。也许预约记事本及时间管理系统之间最重要、最有价值的区别就是后者用于安排所有（或大部分）的工作时间，而不只是预约项目。这里还有两个补充事项：一定要留出一点时间来处理特定项目，以及留出思考的时间，这样就不会遇到经常发生的状况——只能在预约及会议的夹缝时间里进行规划及创造性工作。你如果做到了这一点——为工作中的意外及任何被动事项留出一些空间，并使其与滚动计划的概念联系在一起，就会变得更有条理，能更好地判断事情的进展情况，以及是否可以在截止日期前完成任务。

还有最后两点。记事本是一种非常重要的工具，一定要谨慎使用，注意细节。因此，记事本也是一个保存其他关键信息、电话号码及手头需要的数据的好地方，前提是不要在记事本上记太多东西，它如果被弄得过于厚重，就不好管理。

有些人通常会选择使用台式电脑、平板电脑及其他电子设备，事实上，越来越多的组织都在被要求使用这样的系统，每个人都使用同样的系统。在后一种情况下，你的任务不是去选择，而是确保你完全熟悉选定的系统，能够有效使用这一系统。通常，这些系统的使用效果都很好。你只需点击网络系统上的一个按钮，就可以与六位同事（有些在不同的城市）举行会议，这很可能会节省时间。但对许多人来说，个人记事本或计划简单方便，只要有一支铅笔就可以启动，所以个人记事本或计划一直都能帮助他们高效地工作。当然，不管使用何种方式来记录所涉及的信息，组织记事本及管理记事本的思维方式都是一样的。

精心安排会面

与人会面、与人交易会占据许多高管大量的时间。确切地说，安排这些事项会对你的效率产生真正的影响。你需要留出足够的时间，毕竟一场会面与另一场会面撞上总是会引发问题。你一定要安排好一段时间，换句话说，你既要安排好结束时间，也要安排好开始时间。当然，你不可能做到100%精确，但这样安排会很有帮助。你还要考虑一下：

- 打扰的可能性（在办公室电脑总机开放之前提前开会，可能会花更少的时间，因为打扰更少）。

- 位置（会因地理位置的不同而产生影响）。会议室可能比办公室更合适，特别是你要在会面开始之前把你正在处理的东西放置一边。

- 时间安排。你要合理安排时间，不要让会面一直持续到午饭时间，甚至是晚宴时间。

- 时间安排。现在的会议时间安排会不会让你无法再安排其他会面，比如某场会面如果安排在上午过半的时刻，可能就没有足够时间在这场会面之前、这场会面之后与午餐之前的一段时间安排另一场会面。

你要特别注意涉及多人的聚会。你一定要考虑周到，但不要总是先考虑别人是否方便，然后才考虑自己是否方便。如果这样做，最后痛苦的是你自己。你始终要把预约情况清楚地记录在记事本上。

在考虑什么时候安排会面时，我们不妨稍微跑偏一下，考虑一下日程安排的最基本层面：日程安排会受个人生物钟的影响。这里要说明一点，也是非常正式的一点，而且是很有益的一点。我喜欢早起，所以我安排时也会尽量考虑到这一点。在这方面，你要顺应你的天性，当然这个领域也是远远无法达到完美的诸多领域之一，但并不能因为无法达到完美就忽视这一点。把事情尽可能地做好，你就会更有效率，浪费的时间就更少。

清理办公桌面

有些人永远都不会让家具抛光剂脱销。他们桌子上的纸张堆积如山，木质的办公桌面从未见过天日。如果有人问及此事，那么这些人总是回答："但××在哪儿我都知道啊。"他们这么说也是认真的，而且其中一些人确实能做到。但是，这是一个很大的问题，而且这种混乱很少会与良好的时间管理相伴而生。

整洁自有它的价值。整洁利落会给你带来回报，也会给你的组织带来益处。我再稍微跑题一点，但这是值得的。如果你受雇于一个大型组织，对这个组织而言你并非不可或缺。抱歉，但事实如此。此外，维持在岗的连续性是你义不容辞的责任，包括思考如果你不在场会发生什么情况，不管出于什么原因。比如，有人请病假，而短期缺勤会造成严重的干扰。其他人需要花点时间才能弄清楚你正在处理的事情，因为这种困难，事情可能会被打乱，甚至耽搁。从你的角度来看，也许更糟糕的是，其他人一直在你的系统中翻来找去，而到你回来时，自己却什么也找不到。

所以，你一定要下定决心保持桌面整洁。保持桌面整洁就意味着可以拥有一个标注清晰、一目了然的系统，该系统会比标注了"输入"和"输出"的文件塑料盒更具体，其他人对此也更好理解。说了这么多，我认识到，许多人都需要把事物摆在他们眼前，要知道不入眼就等于不入心，就可能会遗忘。你可以通过记事本及计划系统来实现桌面整洁，记事本和计划可以相互链接，帮助你识别仍然需要处理的事务的位置，无论是在文件中还是在其他什么地方。坦率地讲，我也是这样：有些事务我要看得见，摸得着，要摆在手边，放在眼前，否则我心里就不太踏实，觉得事务不放在手边就不自在。对于这种状态，我有一个解决方案，就是使用一个塑料盒来放置包含当前项目的文件（如果有必要，就用一个比塑料盒更大的工具）。我把塑料盒放在桌子的一边，最上面的一项是关于那些文件的列表，因为这些文件会不断更新，这有助于我快速检查自己是否掌握了最新信息。这个列表放在一个透明的塑料文件夹里，列表上也记录了项目的状态，我觉得这样做很有用处。因此，我认为兼顾这两种观点在现实中是可行的：关键的东西放在手边，并且要保持桌面干净。对于大多数普通人来说，想保持事物整洁有序，相当于要打一场跌宕起伏、旷日持久的仗，但值得持续关注。

最后一点：很多人桌子上都有成堆"要读的东西"，杂志和报告都有。减少文书工作的一种方法是使用概要服务——把这些信息归结为最基本的信息，这可以帮助你及时更新。总结仍然可以采用纸张，也可以通过在线的方式去做。

不要"挑樱桃"

你需要对时间管理方法进行系统化处理。这里讨论的一些技术需要转化成习惯，始终坚持。有些人很擅长这样做，他们会制订计划，列出优先事项，他们的记事本及时间系统都不错，并且对自己的决定和工作实践非常谨慎，关注这些决定及工作实践对时间利用效率的影响。但他们随后犯了一个重大错误，所有这些努力都付诸东流——他们开始"挑樱桃"。也就是说，他们一直在挑选工作，可能是出于之前我们提到过的某一个原因，比如他们更喜欢某些工作。无论是什么原因，他们都是在不断重新思考自己的优先事项，并且做出决定，有些别的事情必须先去做。他们这样做会花费大量的时间，最后结果是计划永远无法确定，而且大部分时间也没有花在行动上。当然，时间计划并非一成不变。时间计划确实需要定期微调，但你不能把这个当成借口，不坚持履行计划。如果计划能够定期审查，并且做出的决定都很合理，那么你就可以坚持下去，并通过这样做在列出的工作清单上取得更大的进步。你对计划要有信心，不要被任何事情所左右，这样计划才会执行得更好。

互联网

互联网提供的信息来源几乎可以说是有无数个，你可以快速访问，一旦熟练运用互联网，你就可以轻松访问这些信息。举一个非常简单的例子，以前你可能需要向某家公司要它的年度报告，从而获得这家公司的背景信息，而现在你可以查阅该公司的网站，逐字逐句地查看该公司的报告，深入挖掘更具体的最新信息。你不用离开自己的工作岗位，就可以通过付出最低成本来完成这项任务。

然而，要小心，上网是注意力分散的一个主要来源。一件事很容易牵出另一件事，你会想着再看一两分钟，"没准就可以碰到更好或者更具体的东西"，然后就会再看一分钟，再看两分钟，这种想法很有诱惑力。请注意，在这方面可能需要一些真正的约束——对你自己提出约束，也可能是对你管理的其他人提出约束。

　　请注意：这一危险早在序言中就提到过，这里再重复一次，但我不会因为再次说一次而道歉。我想用一个最近创造出来的新词来进一步强调这个问题：摸鱼（cyberloafing）。有些人上网（和社交媒体）所做的事情与工作毫不相干，浪费了大量时间，而且其中一些做法尤其欠妥，最终使得"摸鱼"成为被炒鱿鱼的一大原因。你一定不要在网上闲逛，浪费时间；还要抵制一些社交压力，比如通过电子邮件传段子等。

　　这一段没有太大的变化。新版唯一改写的是这个领域的打扰范围。我只想补充一句：一定要警惕，要小心，要真的努力，养成好习惯。

突出关键事实

　　在必须阅读、归档、保存或转交的大量文书中，有一些内容非常突出。当拿到一个特定的文档时，你可能会想到某个关键词、某个标题或者某个章节，而找到这些关键词、标题或者章节就可以直接引导你找到关键事实，无须梳理所有细节。但你要能够快速找到提示元素。

用荧光笔就可以在纸上做突显的标记，非常容易。荧光笔不过是一个小物件，但在书桌的抽屉里放一支荧光笔，或者多放几支，这可以节省大笔时间。荧光笔很有用，文档中任何章节、标题或单词只要用荧光笔稍加标注，就会非常醒目；在浏览一堆文件时，你不可能错过有标记的那一页。荧光笔标记会引领你找到重要信息，而我就是一个离不开荧光笔的人。就像 3M 公司推广的黄色便利贴一样，荧光笔现在已经成为我办公生活的一部分，我甚至无法想象没有荧光笔将会怎样。如果出于某种原因，你的书桌抽屉里没有荧光笔，那么赶快买几支，试试看。我猜你很快就会上瘾，成为荧光笔的常客。荧光笔花不了几个钱，但每天都可以帮我们节省一些时间。同样，也有多种方法可以在屏幕上突出显示或标记文档，和在纸上使用荧光笔做标记非常相似。

强调质量

质量一直很重要，未来也会是这样 。目前，随着质量管理〔通常被称为全面质量管理（TQM）〕被提升为一个主要问题，质量管理引起了特别重视。这并非坏事，因为强调公司绩效的重要性，无论从哪个方面来讲都是好事。

现在，让我们从局部的角度来看一看这个问题。想一想你的办公室，你所在的部门。它们做得好吗？现在你可能会回答"当然"，但你是怎么真正了解情况的呢？试问一下：是否有足够的绩效指标？你所有活动都明确了要达到特定的水平吗？还有很多此类问题，不在此一一列举。

例如，在客户服务方面，银行可能会规定，一个队列中排队的客户不应超过三位，接待每位客户时都要问候客户，应在交易结束且客户离开时，熟悉客户的名字。这些规定也许算不得什么大事，但正是这些小事加在一起，就达到了银行想要提供的客户服务的标准。设计这些标准，不只是为了规定应该做什么，而是为了让标准更明确地在实践中得以达到。如果你认为这家银行是一个很糟糕的例子，那么我同意！

你可能已经注意到了（是从你自己的时间日志中吗？）有时要花不少时间来整理出现问题的事项。这并不是说出了多么大的问题，只是与理想有很小的差距。再想一想银行的例子。如果客户等待的时间稍微有点长，那么有些人可能会开始说三道四，这时候柜员就会去道歉，也许会解释一下，然后交易继续进行，通常不会出现进一步的问题。但如果不出问题的话，客户就不需要多等一段时间，而且每天银行都要接待数百人，所以这一点很重要，尤其是对于要等待更长时间的其他客户而言。

这只是一个简单的例子，但类似的事情也适用于你的办公室。如果你和团队把事情都做对，并且知道需要什么必要条件才能把事情做好，那么花费的时间就会更少。首先是因为可以有效执行任务，其次是因为低效率所造成的中断更少，所以浪费的时间更少。

质量是时间管理的诤友。你应该考虑一下你所参与的工作标准，并在必要时明确它的适用范围。此外，如果组织内有人采取行动，以支持全面质量管理，那么这种做法值得支持。你还需要投入设置成本及时间，但这个综合体很可能会发挥效力。这些举措可以节省时间。"把事情做对，所需的时间就会更少"，是一个很好的通用原则，可以应用于许多工作领域。质量可以节省时间。

行动还是投入

很少有人因为无所事事而没有管理好时间。当然，大多数对时间管理感兴趣的人都很忙碌，但他们无法把每件事都做完，或者说无法把每一件事都及时、彻底地做完。时间投入最容易被忽视；你现在需要投入一点时间来确保未来能够有所改进，或取得某个成果，也就是做一些规划及分析等活动，以确保在某个领域取得进展。

在计划中对你的时间安排进行分类，有助于达到平衡（我已经提到过，应该在记事本及"待办事项"列表上安排任务，而有些人还用这种方式开发出代码来区分不同类型的任务）。因此，该计划可以显示时间是用于人员（约会、会议等）的还是任务（以及它们是以行动为导向，还是投入）的。该计划也会涉及意外情况。应对意外情况的安排应一目了然，翻一翻活页本就可以看到，以方便在必要时进行微调。说到底，时间规划应该是为工作方式提供指南及辅助，而不应成为束手束脚的限制甚至桎梏。

你如果非常了解在工作中需要付出多少行动时间和投资时间，就能更好地保持所需的平衡，利用时间管理技术来创建你想要的工作模式。时间管理是用来帮助自己的工具，而且应视为一种个人工具，而不是为了提高效率所必须采用的标准方法。

与秘书或个人助理合作

对于大多数高管而言，大多数工作场所已经不再配备专属秘书或个人助理。然而，如果你确实有专属秘书或个人助理，或者可以偶尔使用共享的专属秘书或个人助理，就足以说明你应该确定：

- 选择一个优秀的专属秘书或个人助理。
- 找到适合你们俩的工作方式。
- 定期清晰沟通，以便了解彼此的动向。
- 有效充分授权（这与第八章中讨论的人员管理问题相互

关联 ）。

使用“文档存放”系统

"文档存放"可能已经同样列为文书工作，但"文档存放"系统是一个非常有用的设备，值得在此介绍一下。我从"文档存放"系统能够解决什么问题开始解释，这也许是最好的。你可能在同一时间有很多事情要处理，从物理意义上讲，这些事情可能就只在一张纸上，也可能是一批通信文件。其中许多事情不需要采取行动，或无法立即采取行动，可就是这些事情常常把待办事项盒塞得满满的。最终结果就是，你要花好多时间，要么在文件堆里翻来翻去，去找你需要的东西，要么检查文件堆中的东西，看一看能及时采取什么措施。一些材料具有特殊性质，这就会使这个问题更加严重。比如，只有在月底发布某些月度绩效数据时，才能对某一项目采取行动，那么继续检查就可能既耗时又无用，因为无论如何都无法采取行动。此外，在弄懂这些数据之前，持续检查几乎不会有什么效果。

你如果遭遇这种情况，就需要一个地方来存放这些东西，这个地方要安全，而且可以保证你在适当时立即采取行动。你需要一个称为"提示文件"的文件（有时也称为"向前移动文件"或者"向上移动文件"，虽然听起来不那么优雅）。这就意味着你有一个项目，同时要决定什么时候可以开展这个项目。这个项目可能要在特定的时间（当月度数据公布时）进行，也可能不是（只需要六周或稍长一段时间，等下一财政年度开始）。然后，你只需给它标记上你希望下次查看的日期，并按日期顺序将其与其他类似项目一起归档，然后把它放到一边，不再浪费时间去想它。你也没必要去想，只要定期检查文件，并检查标有当天日期的内容，然后采取行动即可。在这一刻，你可以采取行动，或者偶尔给它另安排一个日期，然后继续向前推进。

这里有两个限制条件：第一，可能需要限制一下项目的总数（或按字母顺序列出），因为会冒出一些偶发事项，这就意味着你需要比预想的更早一些采取行动，需要从文件中检索出该项目，并在最初设置的日期之前采取行动；第二，或许你会想把它链接到记事本上（特别是如果你没有个人助理的话）。这是一个非常简单的常识性想法，我认识的每个使用这个方法的人都对此表示非常赞同。你如果尚未使用此系统，只需很少的时间就可进行设置。为什么不试一试呢？

利用一览表

你一周要停顿多少次，来思考如何准确地完成一些日常任务？或者在某些细节上做得不对或不全面？即使你只有几项要完成的任务，一览表也会帮你节省时间，它不仅仅可以防止因思考而引起停顿，更重要的是，可以消除重做某事的必要性。我们来思考一下这个例子。许多公司在收到销售询价时都会填写一张表格。填写这样的表格不仅可以创建记录内容，作为未来行动的提示，还可以作为一览表，提醒你去：

- 核对询问者的职位及姓名；

- 询问对方是如何听说该公司或产品的；

- 参考某个账号；

- 核对自己是否获得了任何其他信息，比如信用详情，以及当下所需的尽可能多的项目信息。

许多这样的例行任务并不总能提前预测到。与客户的对话可能会通过各种方式进行，很容易让人忘记那些可能是可选的问题，或者至少是不太重要的问题。因此，一览表会提供帮助。一览表可以是一个表格（比如客户查询表格），它会在填写过程中用作一览表，也可以是参考点，字面上的意思就是注释，标明应该做什么。有一些一览表可能是你想为自己及所在部门创建的，其他的则是公司的"长期指示"，后者尽管经常被归类为"另一份备忘录"，但保留下来，可能很有价值。许多一览表只存在于电脑屏幕上。

你可能想在心里记下，尤其是关注那些能够在自己专业领域之外为你提供帮助的事情。例如，你如果在数字方面比较迟钝，就不要扔掉关于报销程序的一览表。这张一览表可能恰好会帮你记录下你花了多少钱，这样你就可以利用这张表去报销，或者至少可以避免因为忽视会计的系统而惹恼会计，可以为你节省一些时间。

记住：这种文档显然不仅有助于记录信息，还可以让列出的项目作为提示，提醒你采取必要的行动。你可以针对标准项目大量购买此类表格，也可以在内部设计，只为你想做的事情定制表格。

将技巧瞄准特定结果领域

毋庸置疑，本章中提到的所有技巧都可以为你提供帮助，让你更有时间利用效率，效果也可以更有针对性。你在时间管理方面所做的一切都是为了提高效率、效力及生产力，即让你可以做得更多、做得更好，从而达到工作要求。此外，在实现这些目标的过程中你还可以获得一些优势，这些优势本身就很有用。牢记这些原则可以帮助你采用一些使工作条理清晰，整个工作开展得更为容易的必要的方法。这些优势包括：

- 计划清晰，了解必须完成的工作的概况，这是成功完成清单上的任务的第一步。有了这种明确性，你的准备工作就会更充分，这会直接反映在工作成果上。

- 了解待办事项与总体目标之间的明确联系，这是保持处在正轨上的一条良策。

- 条理更清晰（比如不浪费时间去找东西）。

- 把脑力用来处理真正需要记住的东西（系统会帮你解决其中一些问题，不需要你把所有东西都记在脑子里）。

- 更好地识别基本要素，专注于基本要素。

- 在不相关的事情上浪费的精力更少。

- 做出更好的决策，知道应该如何去做事（还有在总体业务决策方面更优秀）。

- 更好地协调任务（并行处理某些事情可以节省时间）。

- 处理或消除分心及干扰的能力更强。

- 在时间问题上，培养更加自律的习惯，这样一来，就越来越容易保持行动的一致性。

- 应对能力更强，可以应对工作中的任何意外情况及紧急因素。

以上这些优势中的任何一个对你都很有益处，但对你而言，有些优势可能比其他优势更有用，至少在特定的时刻或阶段更有用。寻找你想要的特殊优势可能很有用，例如在无关紧要的事情上浪费更少精力，或者更具体地说，少参加会议。或许你可能希望通过采用某些方法来精确地产生你想要的结果。这并不是说，上面列出的所有要素都不可以对生产率产生很好的影响。这些要素都可以，而且会产生更多个人优势。你会取得更多的成就，并从取得的成就中获得更大的满足感。此外，你还可能获得更多时间来开发自己的工作及方法，激励自己及员工，所有这一切都有可能进一步改善各方面的各种事情，还可以消除一些让人感觉工作"艰苦困难"（hard work）[与"勤奋工作"（working hard）有所不同] 的东西。根据我的经验，后者（勤奋工作）几乎总是成功的先决条件。你不希望各种任务总是出现在脑海里，逼得你想把困难钉在墙上吧，其实稍稍梳理一下就可以确保任务顺利进行。

这一优势列表既为本节提供了适当的总结，也为下文提供了初步的介绍。如果你牢记这些优势及其他优势，那么这些优势就能帮助你明确目标，实现具体的改变。

中场休息

另一件事：时间管理是关于生产力和效率的。所以说，时间管理就是……

抱歉，我刚才必须休息一会儿。我去喝了一杯茶（说实话，又喝了一杯茶；这杯茶也不错）。喝杯茶可能需要三四分钟，但我认为喝杯茶不会拖延时间，不会影响我就这个话题发表评论。事实上，在很大程度上，用什么方式评论就是在这三四分钟的时间里决定的。在高强度工作一段时间后，大多数人都会发现自己注意力不够集中；当然，我在写作时也会这样。偶尔休息和追求生产力并不矛盾，实际上还有助于提高效率。休息完返回书桌时，头脑会更清醒；舒展一下四肢，就会让人感到精神焕发、生气勃勃，能够以崭新的状态继续手头的工作。

这对于看似棘手的任务来说尤其如此。有时，你会坐在那里，困惑不解，不知道事情该怎么办，一切似乎毫无进展。休息之后，你重新开始，一切突然变得清晰起来，或者至少更清晰了，结果就是节省时间。有时休息可能非常简单，比如站起来伸伸懒腰，或者泡一杯茶（对我来说，如果不规律性地喝茶，工作就无法顺利进行）。或者，你可以干点耗时更长的事情，从中受益，比如去吃午饭，尽管你原本计划一个小时后再去吃，或者去散散步。有一次，我曾经和一个人共用一间办公室，他就会这样做——办公室就在公园对面，他有一条专门的遛弯路线，需要 10分钟左右的时间，这段时间对他思考很有用，不仅对解决手头的工作有好处，或许还对其他事情也有所帮助。他通过这段时间的思考可以获得某种突破，所以这段时间并没有被浪费，仍有其利用价值。或者，你可能只需暂时切换一下任务，转换一下思路，而不是停止工作。

无论如何，当注意力不够集中时，休息往往比努力工作更有效率。同样，要有意识地利用休息时间，如果不走极端的话，这种模式可以成为一种习惯，非常有益。

也许有些事情值得考虑。请记住道格·克林（Doug Kling）的话："学会停下来休息一下……否则什么有价值的事都做不成。"你可以花上几分钟时间，验证一下这个想法。我呢？我打算先吃一口饭，然后再考虑写一点；从长远来看，这样做效率更高。

要点总结

- 通过阅读本章，明确时间管理的成功在于细节；别错过任何一个技巧，有很多技巧都可以使用。

- 投入一些时间以节省更多时间，这一原则至关重要，也很有益处。

- 做出改进，让这种改进激励你取得更多的改进。

第四章

与浪费时间的因素做斗争

　　没有什么比……没有什么能够比得上注意力分散更烦人，注意力分散真是太烦人了……

　　没有什么比被打扰更烦人，当然被无故打扰且不止一次，就更烦人了。此外，正如你可能已经注意到的那样，刚刚我就被打断了两次。世界上有很多形式的打扰。许多打扰背后都有人为因素，要么亲临你身旁，要么在电话里，要么在远处大喊大叫。打扰还涉及紧急情况、消防演习、计算机故障、到文具柜找文具、接收快递、吃午餐、喝咖啡以及所谓的休息；这些都会占用时间，而且通常都会超出合理的范围。

　　在前一章，我们提倡制订明确的、积极的计划，但这一点（已经谈到）无论听起来多么明智，无论你多么想制订计划、遵循计划，各种事情就像串通好了一样，总会冒出来让计划无法实施。我记得在哪里读过一份调查，该调查显示，经理不间断工作的平均时间不到 15 分钟。许多人都很认可这一结论。中途打断，还有其他侵扰，时时刻刻纠缠着我们，屡见不鲜。我们要么在种种侵扰的重压下觉得这些纷扰怎么也躲不过去，无计可施，无可奈何，然后举手投降，听天由命，要么就攻坚克难，继续前行。不要让"完美"成为"良好"的敌人，这句话的意思再明显不过了，因为无论如何，你总是会受到些许干扰。但你可以减少被干扰的次数；此外，你如果想有效管理时间，获得回报，就必须这样做。

如果你在一个密闭的房间里工作，既安全又不受外界影响，并且没有人与你交流，电话也从来没有响过，那么你无疑会完成更多的工作。但这个环境死气沉沉，毫无"生"机，在许多方面你会创造力贫乏，效率低下，因为工作中所做的事情都会从你周围的各种互动及刺激中汲取力量。无论如何，这种与世隔绝、没有"生"气的环境都不能成为一种选择。我们并不是要完全切断自己与外界的联系，或者避免合理的打断，因为其中一些打断可能具有积极意义。我们的目的是尽量减少真正浪费时间的事情，腾出时间来做一些更有时效性的事情，以便实现我们的目标。

最浪费时间的事情

好的，我们首先来看最浪费时间的事情，当然也是最容易造成拖延的三个重要因素之一：你自己。在这方面，我们需要与习惯及人性做斗争（我觉得我用词很准确），因为我们往往会一次又一次地陷入与习惯及人性的争斗，而每次都会浪费很多细碎的时间。

不要拖延觉得困难的事情

在这些事上浪费时间有两种形式。要么是前期拖延决策，要么是后期拖延执行，而这两种情况都会让时间流逝。举一个戏剧性的例子，想象一下，你管理一群人，其中一个人表现很差，这时你必须采取行动，只有三个选择：

- 忍受这种状况（不推荐）；
- 培养或说服该员工，使其工作更有效率；
- 解雇这位表现不佳的员工（或将其调离）。

你可能需要检查该员工表现不佳的原因，而检查起来可能很困难，所以往后推迟，时间就会一点点过去。或者你认定要有所进展，这件事如果必须由你来做，就会被推迟，时间又会一分一秒地流逝。或者你认为这件事毫无希望，解雇该员工是唯一出路。但没有人真的喜欢去解雇哪个人。这件事很棘手，所以你就把这件事推后了，也许在努力想着有没有最好的方法（这里并没有轻松愉快的方法）。在整个过程中，人们总是想着"也许情况会有所好转"。这种想法非常司空见惯，你甚至会把这种想法等同于必须处理的许多困难任务。

把困难的事情放一段时间后再去处理，并不会让处理这件事变得更容易，这似乎是一个令人悲伤的事实。更糟糕的是，在许多情况下，如果把最初有点困难的事情推迟处理，那么处理这件事很快就会变得非常困难，并且在这一推迟过程中经常会出现更多问题。回想一下上述场景，如果对表现不佳的员工不予理睬，听之任之，表现不佳会造成什么样的后果？什么性质的后果？换句话说，事情还会受到哪些影响？例如，如果表现不佳的是一名销售人员，则这一后果可以在销售损失的收入上体现，但根据表现不佳的性质，其也可以在客户商誉损失中得以计量出来。从长远来看，损失的成本可能会更高。

所以，你不要拖延那些觉得困难的事情，不管是大事，还是小事。当然，你必须思考、斟酌、检查是否还有其他任何亟待采取的举动，在许多情况下都不要略过。一旦可以做出决定，或者可以采取行动，或者两者兼而有之，你就要立即去做，这样做自有其价值。你要注意在这方面的心理倾向；控制拖延心理可以节省大量时间，避免事态进一步恶化。

不要拖延你不喜欢的事情

觉得困难的事与的确不喜欢的事是有区别的。因为不喜欢而推迟任务及回避任务会产生的影响与前面提到的状况非常相似，我就不再举类似的例子了，但在这种情况下动机有所不同，尽管一样强烈。不喜欢做某件事，可能出于多种原因：这件事会牵涉到你不喜欢的其他事情（可能是一件需要去地区办事处处理的事情，这会占用一整天的时间，并且要去很远的地方），或者对于这件事你也没有那么不喜欢，只是它有点乏味、无聊，而这种情况更为常见。这或许就是行政部门经常拖欠偿还债务的主要原因。这件事很无聊，而且还有其他事情要做……你是知道这种感觉的。

在这方面，唯一真正能够帮助我们的是自律，要有意计划自己要做的事情，确保不会忽略这些事情，如此一来，就不会导致更严重的问题出现。一些标记系统可以突显列表上的内容，可以起到心理提示的作用。你试一试，看看是否可以发挥作用。

如果这一切看起来微不足道，并且你不相信这一方法会产生什么影响，那么你所进行的任何时间标记练习都可能会让你看到危险。同样，这看起来很简单，但正确的方法可以节省大量的时间。

小心你最喜欢的任务

这可能比拖延不喜欢或觉得困难的事情更浪费时间，而且往往是最难让我们接受的事情。但许多人在最喜欢做的事情上花费过多的时间，或许也做得最好。这一结果的产生非常自然，它有多种原因。重要的一点是，专注于任何喜欢的东西似乎都会产生最大的工作满足感。如果这种满足感仅仅来自所做的事情，并且事情本身很有必要，那么一点问题都没有，但其危险在于，在最喜欢的任务上你可能会过度设计，做得超乎必要，投入时间更多，有时甚至会制定出质量标准或卓越标准，而这些完全没有必要。

但你之所以这样做可能有更为"险恶"的理由。例如，可能是因为你：

- 把一项任务当作借口来拖延或回避其他事情（可能是困难的事情），用看似合理的理由告诉自己："我太忙了，无法去做那些事。"

- 无法放心授权（我们又一次讨论这一话题），担心某个人无法胜任这一任务，所以你继续亲力亲为，继续过度投入精力。

- 发现一件事情的工作条件太过诱人，比如这份工作不那么要紧，但可以让你去一座你未去过的城市，这对你来说很有吸引力，与紧要任务恰恰相反，没那么复杂。

- 发现把这件事情做到极致可能会很有趣，比如花好几个小时去设计一些图形来展示数据，其实简单的东西也一样能达到图形所展现的效果。

- 不知道如何处理其他事情，所以用熟悉的事情作为拖延行动或不适当授权的借口。

所有这一切，甚至更多类似的行为，都会引发问题。坦白地说，我们太容易这样做了，我们都有可能这样做，也可能在某种程度上会这样做，因此大家都必须时刻保持警惕。通常这种情况会持续下去，因为人们经常意识不到这种情况正在发生。答案是，在检查任务及常规工作计划时，你要真正地看清，并诚实地看待关于这种情况的案例。更好的做法是，寻找可能发生这种情况的例子，并确保这种情况不会再发生。在本书的所有要点中，我认为这是大多数人最能节省时间的几点。你不要对这种情况视而不见——人们大多时候会说"但我不这样做"，这说起来真的很容易。你检查一下这种状况，看看可以节省多少时间。此外，也许对于一些额外的事情，一旦做到适应了，就会成为明天最喜欢的任务，这谁知道呢。

自我产生的干扰会耗费时间，这足以令人惊讶，也是个人时间日志中经常出现的、让我们意想不到的事。人们很容易对这些状况视而不见，冒着继续出现的风险，但你要留意这些干扰，以免涉及其他人，这样做是合乎逻辑的。这些自我干扰并非无关紧要；请继续阅读。

为什么不舒服是件好事

每个人都有一些困难的事情要做，上一部分的第一点就提到这一点；事实上，这些事情可以变成第二点中你不喜欢的事情。

还有另一个类别，从某种意义上说，这个类别结合了这两个因素，值得我们花一点时间讨论，然后再继续说下去。这甚至可能会突出一种简单的方法，可以提高绩效，而这一方法恰恰源自我们所谓的"不适区"。

在现代工作场所，压力很大是常态。企业文化、财务、人员配备、客户及市场需求、竞争压力以及支撑这一切的行政负担，所有这些都会导致压力，甚至还不止这些，有更多因素。我们的内心往往藏着一种不可抗拒的诱惑，想要寻找万全之计，想要寻找一种直接的方法，可以改善或保证业务成果，但实际上，这样的神奇公式往往都被伪装成努力工作。也就是说，有一种工作方法，如果你去关注、去解决，就可能会对许多关键活动产生积极影响。

要想利用这一点，首先需要对自己诚实。

以我为例：尽管我自认了解管理及商业实践的各个领域，也在这些领域有所实践，但我承认，对于有些任务，我的方法仍然会让我有力不从心之感。很难承认这一点——该死，我竟然还写了一本关于时间管理的书！但大家都知道我爱拖延。这种情况最常发生在哪里？稍一检查，就很容易发现：在我遇到不只是困难（我喜欢挑战），而是某种特殊的困难时，实际上，也就是不舒服时，我就会拖延。这种情况可能是有意的。例如，我需要注意有些方面的计算机技能，我知道我的技能有差距，我意识到这样很容易使我陷入困境，但因为有点不好应对，所以我一直拖延，没有采取行动，因此结果不是看到处理事情浪费时间，而是看着事情一拖再拖。每个人都可能遇到一些事情，会产生这样的想法，然后更可能会拖延，不去采取行动。

另外，在有些事情上，回避发生得更为微妙，我们总想找借口去解释这种拖延，拒不承认拖延有多严重，有时甚至根本就不去面对现实。因此，某些问题无法得到解决，而其直接结果就是业绩越发糟糕。所有这些都是因为一些稀里糊涂、半推半掩，甚至压抑的感觉，觉得采取行动将是一种不舒服或尴尬的经历。我们把书往前翻一两页，再看一看那个影响许多管理者的示例。

表现欠佳

想象一下：你有一名员工表现欠佳。所谓的表现欠佳可能在于很多方面，可能是没有达到销售目标，或者是其他什么小事，不过细节并不重要。但有一件事很明确——需要行动。它的回报相当可观，而且显而易见，还会有进一步的好处。处理好了，就会带来更大的销售额、更高的生产率，甚至更多益处，但这取决于具体的细节。然而，尽管有诸多好处，但貌似仍然有很多拖延的理由。我们认为（或者说希望）情况会有所好转。我们正等着去做其他事情：月底（还会有更多数据或证据）或即将到来的一场评估（我们知道这意味着我们再也无法推迟了）。我们最想抱怨的是还有其他事情要做。我们很忙，我们有更重要的优先事项（真的吗？），或者我们正在解决其他问题，比如消防问题，这种说辞就更无法让人信服了。

有一个事实可能会令人感到不安，这个事实就是我们不想去处理这个员工表现欠佳的问题。我们可能是不确定如何去做，可能是局面会很尴尬，更有可能是我们确实知道该怎么做，但也知道这样做会很尴尬，在某些情况下尤其如此，例如接受管理的人员可能是资深人士，或者很有经验。解决表现欠佳这一问题让我们深陷不适，使我们宁愿躲在一边，到别处去忙（我们告诉自己有更重要的事情），置身不适区之外，只有这样心里才会觉得安全。

这件事的实情很清楚，如果直接处理，通常都可以搞定。表现欠佳就是一个很好的例子。这件事重要，但并不复杂。考虑一下，基本上只有三种可行方案，你可以：

- 忍受员工的糟糕表现，任由情况继续发展下去（肯定没有谁会支持或者推荐这种状况）。

- 你可以下定决心，去解决这一问题，说服或者激励员工，让他提升业绩；或者，如果表现不佳是由缺乏某种技能或能力导致的，那么你就去训练或者培训员工，这样他们就可以把事情做得更好，不管做的是什么事。

- 第二种方案失败之后，也许你就可以得出结论，这些员工无法提高业绩，那就解雇他们（或者安排他们到其他责任领域）。

第二种方案和第三种方案可能都会让情况变得很尴尬。告诉别人他们的表现不可接受，这件事确实会令人尴尬，并且大多数人都会觉得，这么做比解雇别人在感觉上更糟糕。因此，你就会一再推迟，拖延行动。

认清现实

这种情况需要正面解决。这种情况不是逻辑上有失误、缺乏信息或理解不到位，也不是有什么事误导我们，让我们偏离了必要的明智路线。这种情况关乎一个个人的决定：我们更想着怎么让个人远离不适，而不是去解决问题，继续拖延很可能会让问题变得更糟糕。

你先不要着急说"但我从来没有做过这样的决定"，请进一步思考一下。如果你的这种想法部分出于潜意识，那么很可能是因为我们把这件事抛到脑后，拒绝认真分析正在发生的事情，或者任由其他活动像烟幕一样遮蔽眼前的现实。现在，让我们建设性地思考一下，你工作中的哪些因素可能会与这种回避技巧相冲突？其他示例包括：

- 在会上提出一个棘手的问题（它会被推迟解决，这样就免去了争议的风险）。

- 推销时打陌生电话（我们中的很多人都应该多做一点，但这当然不是我们喜欢做的事）。

- 构建人际关系网（听起来不错：我们都希望能在参加的会议上认识一些人，然后带名片回来，因为我们不太确定如何与人接触。更糟糕的是，我们拿到的不过是坐在我们旁边的那个人的名片，而不是哪个更佳人选的名片）。

- 跟在屁股后面讨债（我们憎恨讨债，回避这件事，或者会半途而废，因此现金流会受到影响；然而，我们都应该认识到，只有资金存入银行，订单才能算作订单）。

- 跟进（当某人、客户或同事说"我会考虑"时，我们要例行公事，给他们打电话，而他们会一次次告诉我们他们正在开会，然后这件事就会被拖得太久，因为我们也不太确定下次该说点什么而错过时机？）。

在某种程度上，这些事情都是例行公事。其他事情可能更个性化，与特定技能或特定活动有关。例如，逃避演讲（即使演讲会给我们带来促销机会），因为你觉得"这不是我的事"。其他的事情也一样，比如写报告。你也不想参加委员会，尽管你可能会在那里接触到有价值的人或事，因为委员会总在晚上开会，而"这对家庭不太公平"。

在这两个方面，你可能还会遇到其他许多事情（实话实说，就像我在本节开头所说的那样）。

找准时机

那么，我们可以从中得出什么结论？有一个机会非常值得关注。

你需要下定决心，去积极寻找不适状况。你需要将不适区视为一个有吸引力的去处。在不适区，你可以采取行动，对结果产生影响，并且通常可以快速、轻松地采取行动，产生影响，进而提高时间管理的效力。此外，当遇到困难时，你可能需要创造性解决方案，需要在采取行动之前进行建设性思考。事实上，你需要继续寻找解决方案。

说到底，也许大多数人都能认同这种感觉：这一行动拖延已久，现在终于采取了行动，无论多么令人不快，你都会发现，采取行动会让境况有所改善，最终你会说"我多希望我能早点采取行动"。

你如果将来发现自己又在拖延，试着稍作片刻停留，分析一下，那么可能会发现，行动随之而来。要想让这种方法成为一种习惯，需要采取系统的方法：

- 找出需要采取行动而你却可能无法应对的领域。

- 扪心自问为什么要放弃某件事，并准确核实一下，你之所以放弃，并不只是想要逃避（看起来）令人不适的事情。

- 检查行动是否可行：你知道该怎么做吗？你具备做这件事的技能吗？

- 填补信息或技能缺口，必要时，要花点时间去做这样的事（这些时间通常花得都很值得，例如你如果不检查就业立法情况，就解雇某人，那么可能会把本来是一件小事弄成大患）。

- 将行动编排到"待办事项"列表之上，给予行动真正的优先权，确定好你必须获得什么（毕竟，你如果要选择挑战不适，就得给自己找点动力）。

- 采取行动，做好记录：如果行动能够解决问题，那么你就可以创造机会，或者从中积累某种经验，以应用到下一次行动之中。

你要养成这个习惯——让挑战不适成为至理名言。这种方法不失为一剂良药，事情再也不会在沉默中一再拖延。尽管它需要下一点决心，但你肯定不缺决心。确实有一种技巧，只要克服人性中的不良因素，就可以使用一种简单可靠的方法来提高效率，取得更好的成果。正如一句传统谚语所言：如果想做一件事，你就会找一个方法；如果什么都不想做，你就会找一个借口。

处理个人干扰

离开了人，各个组织将一事无成。在某种程度上讲，这是一种遗憾，否则你肯定会有更多的时间。你无法让别人消失，但你可以尝试控制这些人，不让他们突然打断你的工作。首先，你可以考虑一下影响。想象一下，有人把头伸进你的办公室，用那句"万古流芳"的话问你："可以打扰你一下吗？"你可能不知道是什么事，但有一点，一般来讲都可以绝对肯定：这件事肯定不只是打扰你一下而已！

打断的时间可长可短。你会发现半天的时间都随着一场临时会议匆匆而逝了。现在请继续想象，比方说，有个访客打断你，占用了你 15 分钟的时间。这种打扰会持续多久？不只 15 分钟，而是更久一点，因为他无论打断了你什么工作，你都得重新开始，重新开始就需要消耗一些时间，甚至可能需要更多的时间才能让你达到你之前的最佳工作状态。这种影响值得铭记在心，否则你就可能会低估中途打断所产生的影响。时间日志通常可以记录这种情况让你损失掉的大量时间，有时受到影响的时间多达总工作时间的 25%。

当然，有些打扰本身有其意义所在。你想和他们进行讨论，但不是在那个时候。相反，有些打扰则完全就是浪费时间。那么，如何最小化打扰的影响？基本上，有五种应对方法：

1. 拒绝他。这非常简单。你只需回答"不行"，然后把那个人打发走。有时就是这么简单，事情可能没多么重要，没有你的帮助，他一样可以妥善处理，这样他下次就不会再来打断你。或许，此人会在其他时间再次与你联系。当然，如果这个人是你的老板而不是同事，那就更难应对，但你可以要求在工作关系中相互尊重对方的时间安排。然而，有时这条路根本走不通，不管是什么事，它就是很重要，应该优先考虑，比如突然造访的客户。

2. 推迟一下。你就说你现在无法暂停手头的工作，但可以另行安排一个时间进行讨论，或者提议在一个你个人方便的时间讨论，这样看起来你仍然想去帮助他，而且可以选择什么时候暂停手头的工作。更重要的是，这也是一种手段，可以让一些中途打断你的人觉得这件事情对你而言"无关紧要"。试一试这个方法，看一看会有多少人再也不会回来打扰你，结果可能会令你惊讶。

3. 尽量缩短干扰的时间。在这种情况下，你同意暂停手头的工作，但你也设定了时间限制——"我可以给你十分钟"。你如果这样说了，就要坚持你的时间限制原则。事实上，通过这种自律，你会因为对待时间的态度而赢得尊重，树立声望，这样一来，也会减少一些干扰。

4. 预防干扰。在这种情况下，你需要启动一个系统，该系统可以保证你在某些时刻不被打扰。你可以和秘书一起计划，一起处理这件事，为某一份工作预定好时间，并把这份工作当作一场重要的会议。但这也可以更为简单，我知道在有些情况下，即使是在开放式办公室，人们也会自觉遵守"请勿打扰"的原则。但有一个限制条件：不要过度启用这一系统。你如果一直没有空，那么最终还是会被打扰，或者想听到的事情会从你身边悄悄溜走，结果就是可能会出现问题。

5. 去别的地方。你的工作可能允许你选择工作地点。人们会找到各种各样的地方，有时甚至是很奇怪的地方，去休整一段时间，以获得片刻宁静，这使你可以在某些任务上大大提高效率。例如：

- 上班之前，把这一天的头两个小时花在家里，去完成那份报告；

- 从办公室出发，步行一两分钟到公共图书馆阅览室去；

- 去附近的公园（大风天不要带报纸）；

- 那些因公出差，有时必须住在酒店的人可以制订规划，带着工作，一直忙到退房时间，而不是早上第一件事就是离开酒店。

本书的某些工作是在新加坡的一家酒店里进行的（当时一个培训课程推迟了）。整个过程中唯一的打扰是上了一杯冷饮，但之所以能这样做，是因为我每次旅行都会在这样的场合做一些工作，我认为这是一个好习惯，尤其是在写这本关于时间管理的书的时候。以下是一些减少不速之客的建议。

减少不速之客的方法

有些人你想见，有些人你不想见，还有许多人见的话则完全是浪费时间。因此，除非这些人真的很有价值或者很重要（或是小道消息中的重要一环），否则请尝试使用以下方法来推迟和他们的会面：

- 如果可以，尽可能地坚持提前预约。

- 设定"请勿打扰"时间，并且公布一下。

- 接受会面，但另外安排一个时间去见他们。

- 记住，最好一开始就不去讨论，这比匆忙退出更容易（尤其是那些人一开始就问："不知道您是否能帮上忙？"你可能帮上，但要去帮吗？或者，你有其他方法或时间去帮忙吗？）。

- 向其他员工、接待员、总机接线员或秘书，甚至是周围的同事做好交代，这可以让你在繁忙或注意力集中时挡掉访客（但不会错过真正重要的人）。

- 使用有效的沟通来减少疑问。

- 决定好要开始做什么事，把它写下来（尽管备忘录记录不恰当也可能会浪费时间），并通知他人。

对于确实难缠的人：

- 不要邀请他们坐下。

- 设置时间限制。

- 示意讨论结束（"还有一件事，我必须继续……"）。

- 发起其他行动，让别人无法突然造访，这种行动包括去拜访他们。

最重要的是，要经常说"不行"，甚至"肯定不行"。你可以非常坚定，这算不得太粗鲁。

处理电话干扰

有时，你想别人立即就可以找到你。在其他情况下，你可能会让其他人替你关照一下，在第一时间接听来电，核实一下是谁来电。交代清楚以上信息，你就可以迅速确定哪些电话需要你停下工作去接听，哪些需要你回电话，哪些不必理会。

亲自接听电话，和面对那个探进办公室的小脑袋相比，有相当大的优势：打电话的人看不见你，很多人不会把接电话的人说的"在开会""刚刚离开办公室"或类似的话当作善意的谎言。我甚至认识一个人，在电话这头播放听写机里传出来的噪声，想给对方留下真的正在开会的印象。就像应对当面打扰一样，你可以避免、推迟或最小化这些电话打扰。此外，你可能也希望针对特定类型的电话设计专门的响应。

例如，你一周接到多少销售人员的电话？这足以让大多数人分心。其中有些有用，有些是你以前业务上的并想保持联系的，而其他是你需要尽快摆脱掉的。大多数人都相当有礼貌，不喜欢对人无礼，但考虑一下：你如果每周只和三个电话销售人员通话，那么仅仅为了礼貌而听电话一分钟就相当于一年中有两个半小时在听这种电话。为了节省这段时间，你仍然不需要太粗鲁。你要马上找出他们在卖什么——你如果想的话，那么可以听听，否则只需要用简单一句话，就可以很快摆脱他们："对不起，我对此没什么兴趣。不好意思，我现在太忙了，没时间再说了。再见。"然后放下电话。你如果认为和他们说几句话会有用，那么可以提议另找一个时间回电话。因为自身的经历，人们会理解电话可能会打扰你，而且往往会更了解你在某一特定时刻不一定欢迎来电。你可以利用这个事实来节省时间。

注意：电话、固定电话和手机现在都更为先进，有多种控件、标记来电或者自动转接来电等都很有用的功能。

减少电话打扰的措施

各种各样的电话都可能引起问题，有些只是因为打断了我们的工作，有些是因为你就是不想（或不应该）去处理，更重要的是因为有些电话持续时间过长，或者对方是个话痨。以下建议可能有助于阻挡一些电话，或帮助你找到进一步解决问题的方案：

- 检查总机接线员分配来电的信息，必要时重新交代一下。

- 如果有个人助理的话，向他简要交代一下。

- 让同事帮忙接一下电话（你们可以轮换为彼此接电话）。

- 设定明确的"请勿打扰"时间。

- 使用语音邮件系统（但是要注意它的负面影响，例如向外部人员，特别是向客户所展示的形象）。

- 尽可能向其他人说清楚什么时候给你打电话（"在下午两点到三点之间给我回电话，好不好？""请在上午十点之前打电话，因为我上午稍晚的时候会很忙，无法脱身……"）。

- 请记住，可以通过授权把电话直接转给其他人接听，因为电话讨论的事情恰好是他们将来要处理的。

- 要意识到社交闲聊的本质——社交闲聊会浪费时间，要努力减少社交闲聊，以防失控（社交闲聊浪费太多时间；但是如果没有社交闲聊，世界就不会那么有趣）。

- 设定一个时间限制（"好吧，现在就和我说吧，但能不能把时间控制在10分钟内，因为我很快就要有访客了。"人们宁愿你设定一个时间限制，也不愿中途被你打断，所以设定时间限制不一定算是粗鲁的行为）。

- 通过使用"最后……"或"结束之前……"等来表示结束时间快到了，至少可以向来电者明确表示，你打算快点结束通话。
- 如果这一切都无法奏效，那你就要无礼了；或者至少考虑一下，问题是不是就在于你太在意礼貌了（可以形成一种条件反射，电话铃一响就及时调整状态：不管我们的真实感觉如何，问及感觉时，要说"当然……"，而不要回答"很好"）。

处理此类人员干扰的各种事项都需要正常地与人交往的技能：要机智，要善用手段，但也需要适当的果断。这些技能需要组合得当，稳妥使用。如果别人认为你麻木不仁、刚愎自用，甚至有些粗鲁，这势必会破坏人际关系。但如果你真的"躺平"，任由别人"践踏"，那么别人把你当成受气包也就不足为奇了。下面再补充几条建议，可以帮你减少电话干扰。

想要寻求方法，就要有决心和毅力，这非常重要。有些人看起来就比其他人更擅长避免打扰，这是有目共睹的。如果真是这样的话，毫无疑问，他们一定是在这方面做了一些功课。打下什么底儿就是什么底儿。在这方面，做对事情可以获得很多好处，包括确保别人可以正确地看待你。

即便如此，还会有其他类型的打扰，这些打扰也要尽量避免。要（再一次）记住节省时间会产生积极影响，在结束本章之前，我再举几个例子。

节省接通电话的时间

我永远无法接受这一点。人们究竟浪费了多少时间来拨打、重拨及等待通话，令人难以置信的是，如今，大部分人在等候接通电话时都在听音乐、听提示音，这简直就让人精神错乱。真正与众不同的是现代电话。这是一种我非常喜欢的数字技术。它并没有复杂到让你感到厌烦，而且有一些特定的功能可以实时节省时间。例如：

- 如果有能力存储所有常用号码，就可以节省拨号时间。你只需输入几个数字，剩下的就由电话自己来完成了。
- 有些电话还会自动重拨（例如所拨号码第一次占线），有些电话可以一直自动拨号，直到接通为止。
- 有外放扬声器，这样一来你如果必须等候（听音乐），就可以释放双手，继续工作。

这是另一个可能看起来微不足道的点，但可以对你的时间产生足够大的影响。每发现一个点，节省的时间就多一点。

消息要准确

毫无疑问，世界各地的办公室都一定会因为信息不准确或不完整而浪费大量时间。时间浪费在：

- 琢磨究竟是什么事；

- 重复说过的话；

- 必须重述或重新表述的事情，因为沟通中出现了错误或者沟通失败。

你肯定会有不在办公室的时候，即使很短暂，或你不经常离开办公室，拥有一个良好的信息系统也会帮你节省时间，不仅可以防止可能出现的误解，还可能会有其他效果。

商用文具表格不一定恰好适用于你想要的信息。你需要一个专门为你设计的消息表单。这样一来，这个表单就可以作为办公室周围人员的一览表，帮你查看你想要记录下来的信息。这里的细微差别很重要。例如，部分完成事项及待办事项可以准确地告诉你对话的进展，并允许你无须重复，就可以继续跟进。

我认为这样的表格应该标明各个事项的重要性。毕竟，一条丢失了的信息可能会改变历史（或者至少会给公司或个人带来非常大的不便）。你必须确定什么样的表格更合适。也许 A4 大小的页面是最好的，这就意味着这个表格可以与其他纸张夹在一起，形成一个整洁的文件，并且更醒目。也许表格应该做在彩色纸上，以方便在其他办公室文书中被一眼认出。

　　所有这些都会有所帮助。关于应该处理什么、传递什么、以多快的速度去做、在什么情况下去做，也需要做明确的简报。例如，你要参加几天会议，你希望将所有内容都发送到会上，还是只发送某些内容？那关于人呢，你都告诉谁你的去向了，没告诉谁？诸如此类。

　　如果你把信息传回办公室，或者等到你回来再处理，那就浪费了每个人的时间。所以，做好决定，决定好你想知道什么，应该如何接收消息，以及应该在何时、何地及如何传递消息。这是一件小事，但也可以提高一点时间利用效率。

电子邮件

　　当然，如今电子邮件在任何办公室都必不可少。电子邮件如果处理不当，就会成为潜在雷区，浪费时间。这一点非常重要，我会在专门的章节中讨论电子邮件（见第五章）。

出差途中

　　无论出差在你的工作中意味着什么，无论你是在附近出差还是去远处出差，无论你是定期出差、偶尔出差还是经常出差，出差都需要时间。有些出差使得时间很轻易就被浪费掉了。现在，我们来看看省时出差的要点：首先，是否需要出差？有哪些替代方案？你可以考虑：

- 让别人来找你。这是可行的——你可能只需要提出建议，甚至付账来提供一晚的酒店住宿也值得。这不会比你反过来去找他花费更多，还可以节省你的时间。

- 派他人出差。是的，即使开会的地点非常吸引人，你也必须始终考虑授权他人，关于授权，我会在其他地方讨论。

- 打个电话。有些事情确实就可以简单处理，不需要面对面，或者你可以先打个电话联系一下，把事情先办起来，稍后再去出差，这时项目基本比较确定，在上面花的时间就更值得。

注意：手机。正如大家所见，手机似乎变得越来越先进、精密，毫无疑问，有一天，你可以坐在世界另一端的餐厅里，用戴在手腕上的一个小工具当作电话，生成电子邮件，关闭客厅的窗帘，这只是时间问题。事实上，自最新一款手机发布以来，这使我们离所描述的情况已经近了一两步。

当然，对于保持联系而言，手机堪称无价之宝。但使用手机时仍需小心。在使用手机时，冗长的留言可能不利于良好的沟通，有时回电话会延迟，因为有些人不愿意用手机打电话，毕竟费用很高。现在，你在给别人打电话时，可能觉得他就在离你不远的地方，然后你看电话账单时才发现，事实上他在香港。也许小心一点还是有必要，但无论你在哪里，手机都可以进一步减少出差的可能。

- 文字信息（任何形式——信件或电子邮件）。文字信息同样适用于电话，尽管这两种通信形式不同，文字信息产生的是书面记录。请记住：两者都不能像在会议上那样实现立即或准确理解。

- 使用技术。对于有能力、负担得起的人而言，现代远程通信技术提供了越来越精密的可能性，包括电话及视频会议，你可以通过电子方式与一群人联系在一起，所有人都可以畅所欲言，甚至可以看到彼此。

所以，在打电话给旅行社预定出差行程之前，你可以先想一想。当然，有些事情确实只能面对面处理，有些差旅必不可少，但不全都是。也就是说，确实需要出差时，着眼于最大限度地提高时间利用效率的人还会考虑其他因素，而不仅仅是时间安排。你如果必须出差，请考虑一下组织工作：

- 每次差旅都要计划好。考虑一下优先事项、时间安排，还有你不在公司时其他事情如何安排。

- 考虑一下成本。不同的路线或出行方式（火车还是飞机，以及机票是什么等级的）不仅会影响成本，还会影响时间。有时为了节省时间，多花一点钱也是值得的。

- 地点。在什么地方会面最好？比如，可以选择你和你要会面的人之间的地点。

- 要带些什么。例如，坐飞机不托运行李可以节省时间，带上电脑可以提高工作效率（见下文）。

差旅安排好以后，接下来要考虑的是建设性地利用旅行时间。某些任务可以在旅途中完成。以下是可以在旅途中完成的一些事情：

- 阅读。学习一下各种材料，很有用，而且在旅途中也很容易做到。即使是在很短的路程中，你也能搞定一份报告或其他文件。

- 写作。写作需要更好的条件，但差旅途中也可以有多种方式进行写作（比方说，如果坐飞机，你不介意周围的人听到你的声音，可以口授，但最好是在不受干扰的汽车或出租车上写作）。

- 在电脑上工作，包括文字处理。有了现代化的设备，你很快就会养成在旅途中处理这类工作的习惯，并投入工作，这样就可以忽略周围的环境。

- 讨论。这一活动显然只适用于与同事一起出差的情况。如果要讨论，就可以安排一场议程完备的、时间适当的会议，没有什么是不可以的。

- 使用手机。你可以使用手机做各种各样的事情（见上文）。

- 思考。思考特别有用。你可能不需要文件，也不需要设备，只需要有思考的意图及计划。我在记事本上记下了一件"要思考的事情"，也就是一张长期问题的清单，特别是不需要文件的一些问题，以便你在合适的时候可以把这些问题翻出来想一想。

- 看视频。本书上一版的列表并没有列出看视频这一项，但现在人们在火车和飞机上看视频是很常见的，比如在平板电脑上（显然，开车时不应该这样做）。除了看电影外，你如果想有效利用旅途时间，那么还有更多的选择，比如各种各样的培训套餐就是一种选择。

你可以将某些任务与特定旅程匹配起来，比如：在飞机上更容易打字，在火车和汽车上可能更适合做其他工作，酒店客房、机场休息室等都可以提供机会。即使在不太方便的环境里，也有能做的事情，这可能会让你感到惊讶，但着实值得考虑一下。事实上，不利的环境可能是一个绝佳的机会。如果你被大雾困在机场，你随身带上了合适的东西吗？

在外出时，不要每五分钟就联系一次办公室，就只为了说句"一切都好吗？"这很浪费时间，既浪费你自己的时间，也浪费其他人的时间。你一定要明确你必须了解的内容，不要忘记基本内容：

- 留下你所有的详细联系方式。

- 告知何时可以联系你，何时不能联系你。

- 在旅程中，提出建议，对你的安排进行更改。

- 提前告知他人你会带回来多少工作，这类任务有多么紧迫。

- 准备应急预案。例如，把护照、信用卡等的复印件留在办公室，那么你在遇到任何困难时，都可以打个电话，轻松应对（但在离开之前也要检查你的保险）。

与其说是在这个领域节省时间，倒不如说是确保不会因为缺少这些细节而浪费时间。想一想在你不在的时候，有一些事情更方便在办公室做（就像大扫除之类的事情）。

随着这次反思，我们发现在越来越多的潜在领域都可以节省时间，这种反思本身就很有益处，但必须始终牢记为什么需要时间。我们需要时间去完成工作要求的任务，当然这种说法过于简单，因为在大多数工作中，有些事情比其他事情更重要。

要点总结

- 这里再次强调了细节，以及一种策略如何引出另一种策略。

- 永远不要在浪费时间时觉得"事已至此"因而无奈接受。

- 依次解决每一个问题，寻求切实可行的解决方案，即便不能解决问题，也要尽量减少问题。

第五章

电子邮件：是捷径还是时间黑洞

　　我们都会使用电子邮件。我们都任由电子邮件浪费我们的时间。电子邮件是一种与他人交流最快捷的方式，可以在全球范围内，通过互联网将信件、备忘录、图片及声音从一台计算机即时发送到另一台计算机。许多大型组织也建有内部网络。这方面的技术性问题不需要我们关心，但这种沟通所产生的影响，以及这种沟通方式对生产力及时间利用效率所产生的影响，需要我们去关注。我们非常需要关注这些影响，所以我把这些问题纳入单独的一章（尽管这里有些观点肯定有更广泛的适用范围）。善用电子邮件，可以节省撰写邮件的时间，更可能让你收到适当的回复，可以进一步提高时间利用效率。

　　因为使用电子邮件的细节会直接影响生产力，所以我们要彻底思考一下最合适的做法。

　　注意：语言及写作质量很重要，在这两方面若有失误，则会导致混淆或歧义，进而浪费时间；即使省略一个必要的逗号也可能导致误解。我虽然提到了语言因素，但并不是要给大家提供一本全方位的写作指南［尽管我曾在《如何撰写报告和提案》(*How to Write Reports and Proposals*）一书中写过这一主题的内容，而该书也在本系列中，最近也发布了一个新版本］。

在工作环境中，我们经常用电子邮件来代替其他类型的沟通，有效减少了面对面会议及其他联系，这可以节省时间。

但过度使用电子邮件，就会减少个人接触，损害联系，对协作产生影响。要平衡不同形式的接触方式，这一点很重要。一些大型组织会制定规则，来阻止使用电子邮件产生任何负面影响（比如周四不得发送内部电子邮件），以确保人们能够继续面对面交谈。一旦关系疏远，协作就会更困难，进而浪费时间。

电子邮件的发送和接收速度非常之快，给人们带来了压力，要求人们在第一时间传递清晰的信息；人们有一种倾向，就是快速回复，但只想"赶紧回复"，就会经常不太仔细思考。我们必须抵制这种做法，因为如果回复匆忙，邮件内容不明确或者含糊不清，就是在赶着浪费时间。

毫无疑问，电子邮件的吸引力在于它的速度。只要单击"发送"按钮，邮件就会立即发送。邮件发送后，对方应该很快就会收到。因此，回复的速度仅取决于某人检查其电子邮件收件箱的频率及回复所需的时间。电子邮件通信可以快速进行，这一性质可能具有积极意义：促进快速行动，提高效率。

电子邮件vs普通邮件

电子邮件在形式上可能不如写信那么正式，实际上也确实如此。让我直截了当地讲，我们必须正确决定正式的程度。

对有些人，只要能把意思表述清楚，你给他们写信时可以非常随意（对于缩写、语法简省、省略标点符号、怪异的拼写方式，你都可以随心所欲地使用）。但其他人（客户、上司）可能对此感到不满，或因此而更不看好你。有时（经常？通常？）电子邮件必须写得和重要信件一样妥帖。最安全的做法是你在写信时采用一种相当正式的风格，当然也是一种明确的风格，如果你不确定的话，最好要正式一点，即使因太正式而有所不妥，也比太随意要好很多。我可是提醒你了！电子邮件也要做好校对及拼写检查，与其他文档一样重要。

使用电子邮件的主要目的不是长篇大论地交流，而是为了提供或获取简短且直接的信息。电子邮件如果比较冗长，就很难在屏幕上阅读及理解。出于这个原因，加之其他因素，我们有时最好选择其他通信方式（或者发送电子邮件时可能会附带一份硬件拷贝）。较长的信息可以做成 Word 文档，当作附件添加到电子邮件中，但你要确定，对方会花时间去查看附件，并且足够重视这个附件。同样，对方也会把它打印出来。

永远不要忘记，忽略电子邮件是多么容易的一件事。轻轻点击一下，然后邮件在一瞬间就消失了，而且是永远消失了。

回复电子邮件时，你不必花时间去查找发件人的姓名、地址及职务。回复邮件，你只需按下一个按钮，发件人的地址就会显示在回复页面的左上角。你可以将对方发送的邮件副本保留在页面上，这样你在回复时可以参考原邮件的内容，回复也就会变得更容易、更快捷。

电子邮件：可能的缺点

电子邮件也并非完美无瑕。例如：

- 显然，除非收件人有一台电脑来接收电子邮件，而且他就在电脑附近，或者在附近有另一个设备可以连接、访问互联网，否则你就无法通过网络与此人通信。

- 电子邮件协议与正式文件一样具有法律约束力。若对电子邮件另眼相看则会导致问题出现。

- 如果技术问题使系统无法工作，就可能会导致问题出现。技术支持需要到位（问题不在于是否会发生技术问题，而在于何时发生）。

- 大多数垃圾电子邮件和塞到你信箱里的实体垃圾邮件一样令人恼火。用户要负起责任，使用隔离软件（尽管有些软件似乎总是漏掉垃圾邮件），定期更新，这样就可以减少垃圾邮件的数量，这种做法非常合理。

- 打开来自未知收件人的电子邮件及附件时要小心谨慎，因为一不小心，病毒、特洛伊木马和蠕虫就会侵入计算机系统；以后各种病毒就会越来越多。

- 最后，有些人天生就喜欢简洁，或者有行文简洁的习惯，但这可能会导致表述不明确或缺乏清晰度，进而出现各种各样的问题。如果清晰和简洁之间产生冲突，那么你应该永远优先选择内容清晰，这是一个好的原则，需要遵守。

关于电子邮件的讨论已经足够多了，其他问题也显而易见。发送个人信息频次比较高的人在组织中会浪费很多时间。如果私人信息以公司的名义或格式发送，则可能会产生法律后果。如果含有诽谤性质的表述，会发生什么状况？因此，组织需要一个坚定的政策及指导方针，每个人都需要遵守这种关于写作方式的规则。

基本准则

尽管如前所述，电子邮件可能比信件更为随意，但在风格及内容方面，某些标准仍然适用（同样，各个组织可以制定独有的指导方针）。考虑到人们会收到很多电子邮件，所以你撰写电子邮件其实是在和别人争夺收件人的关注，因此必须撰写有效的电子邮件。电子邮件应该：

- 简短——使用简单的词语；

- 直接——表达清晰，不要模棱两可；

- 有逻辑性——结构清晰。

无论是在内部发送电子邮件还是对外发送电子邮件，无论电子邮件是否作为信件的替代品，你都必须遵守这些规则，这一点很重要。清晰的邮件标题可以清楚地表明目的，也有助于标记（真实的！）紧急情况，并说明是否需要回复，以及可能何时需要回复。请记住，与其他任何通信方式一样，电子邮件可以用于很多意图，比如告知、说服等。

在发送电子邮件之前，想一想以下内容，有助于确保邮件表达有效：

- 发送电子邮件的目标或目的是什么？你知道你想实现什么吗？该电子邮件是传达对某种信息的需求吗？你是在传达标准信息吗？如果电子邮件是为了快速回复某一询问，那么你要确保你所传达的内容的正确性。如果不确定，请解释一下，这只是一封回执，你将尽快向他们提供更多的信息；最好准确地说出具体什么时间可以提供。你如果不知道发送电子邮件的目标是什么，就要在发送之前仔细考虑一下。

- 发送电子邮件的背景是什么？发送电子邮件的原因是否与项目中的某个问题有关？是否需要解释、请求谅解或者道歉？发送电子邮件是为了获取更多信息，还是为了提供某一询问的详细答案？要想对方清楚地理解电子邮件的内容，你发送电子邮件的原因必须清晰明了。你如果不知道为什么发送邮件，那么请在发送邮件前核对清楚。

- 谁是预期收件人？邮件会直接发送给他们，还是由其他人来阅读邮件？电子邮件收件箱不一定只能由"收件人"选框中指定的人打开。同事也有可能访问某人的邮箱，例如当此人生病或度假的时候。在写信息时，你要记住这一点，很重要，以防出现问题。

- 你的邮件使用什么版式？电子邮件是如何呈现的？风格真的很随意吗？你是在回复一封半加密的邮件吗？邮件中有很多遗漏的大写字母、短信风格的缩写词，还有表情符号之类的吗？如果是这样，那就好了。但请仔细想一想，电子邮件的风格会给第一次与你交流或以某种特定方式看待你的人留下怎样的印象。

- 内容选择。这封电子邮件在说些什么？是否传达清晰，有没有含糊不清或者歧义？如果电子邮件涉及的问题比较复杂，那么你最好用附带的文档解释一下。电子邮件通常适合快速阅读，其内容应反映出这一特点。

- 是否需要结论、建议或回应？如果是，意图表达得够显而易见吗？如果有任何行动请求，那么你要在电子邮件末尾提出，在这里提出可能最为清楚。另外，如果这样说话，比如"如果你能在我们下午四点开会时带上这些材料，会很有帮助"，那么你就给收件人发出了一个明确的信息，告诉他可以在下午四点之前完成任务。在结束电子邮件时，给出直接的指示，或者重述邮件的目的，都可以让收件人对你的意图确定无疑。

- 发送了哪些附件（如果有的话）？如有附件，那么你要明确附件的内容。你如果使用了某种工具把信息"压缩"在一起，例如压缩文件，那么要解释一下你使用的工具，这样做总是很有帮助。如果附件需要某些软件才能打开，请说明需要什么软件。在发送图形和图像时，这一点尤为重要。其中一些附件可能需要很长时间才能下载完，把这种状况说明一下会很有帮助。记住，最好提供一下此类信息，否则你可能就要去处理一系列问询，这非常耗时。

电子邮件要表达适当，这一点非常重要，因为电子邮件具有即时性，而且不可撤回。电子邮件与其他书面交流一样，你无法用语调、面部表情、姿势、肢体语言或手势来增强信息。

系统分类

考虑一下：收件箱中电子邮件保留的时间越长，你就越难将其精简，也就越难减少邮件的总量。整理邮件确实是一件烦人的事情，需要很多时间。此外，你可能还会发现，收到或发送的电子邮件的时间越久，就越不需要再拿它当作参考。因此，你接下来可以采取两个行动：第一，处理完邮件后立即删除（也要打印出来有用处的邮件），越多越好，坚持这样做；第二，尝试定期剔除存放时间最久的邮件。例如，在每个月的月底删除存放一个月的电子邮件，就是系统显示存放最久的那个月的电子邮件。通过这种方式，可以将这些数据追溯到一年前、两年前，或者任何时间，由你自己来决定，这样一来，邮件就不会越积越多。最重要的是要控制邮件总量。

练　习

　　花点时间思考一下，制定一个综合"清理行动"，即如何系统控制、减少系统中的电子邮件数量，这个实践可能很有用处。如果你目前的程序似乎还不足以进行这种测试，那么试着强化一下，尝试一种新的方法。尝试一段时间后，如果一切正常，就修改行动标准，一劳永逸。

数字签名及其他安全手段

关于安全，还应注意以下三点：

- 电子签名。越来越多的人使用电子邮件发送信息，电子签名的使用也随之越来越广泛。此外，除了收件人，任何人都不可以阅读电子邮件，这一点在当下比以往任何时候都重要。通过使用数字身份认证或数字签名，你可以确保没有人冒充你，没有人以你的名义发送虚假或误导性信息。Outlook Express 中的数字身份认证可以使人在电子交易中证明身份，就像在需要证明身份时出示驾照一样。数字身份认证还可以用于加密电子邮件，以防止外人阅读。数字身份认证是由独立的认证机构负责的，其网站包含一个表格，填写后的表格包含你的个人详细信息，以及安装数字身份认证的说明。数字身份认证用于识别电子邮件，确保邮件的安全性。

- 加密。加密是通过电子邮件发送敏感信息的一种特殊方式。加密是某种形式的电子代码，需要用一个代码来加密消息，用另一个代码来解密消息。一个密钥是私有密钥，另一个密钥是公共密钥。公共密钥会传给需要使用该密钥的任何人，无论这些人是发送电子邮件的（在这种情况下，他们会使用公共密钥来进行加密）还是接收电子邮件的（他们会使用公共密钥来解密以获得消息）。各种各样的信息都可以考虑用这种方式进行伪装，不管是你个人的账号，还是公司在某一天推出一款全新产品这一事实。

- 记录。有些电子邮件系统允许在收件人发送、接收、打开、阅读电子邮件时发送回执。在某些关乎时间重要性的情况下，这一回执很重要。或者，你也可以只请求确认即可。涉及最后期限时，这样做显然很重要。我在针对一篇文章或一本书提交材料时，总会要求对方确认。如果你认为对方已经接收到信息，而对方并没有接收，那就太容易浪费时间了。

电子邮件中的文件可能非常重要。丢失电子邮件可能会是一种灾难，恢复电子邮件需要大量时间。因此，我建议定期备份文件及公司数据，以防范此类风险。如果你的计算机系统设置了密码，请考虑定期更改密码，以阻止黑客入侵，引发盗用。

公司可能会有关于这方面的指导方针，实际上是关于备份整个计算机的指导方针，但实施的责任往往在于个人。

术语及缩略语

我们还是面对现实吧，对于所有一切，我们都好像十分喜欢缩写。作家说："我正处于写这本书的'奴隶的血，国王的心'（BOSHOK）这一阶段——屁股坐在座位上，双手放在键盘上。"人们写电子邮件时似乎特别喜爱用缩写。使用这些缩写［包括术语、短信用语和首字母缩略词（用一系列单词的首字母组成的另一个词）］的电子邮件更容易产生混淆。然而，由于电子邮件的这种随意性日益强烈，我们要熟悉那些普遍使用的缩略语，这不失为一个好主意。我们日常已经接触到很多缩略词，每天还会有很多新的缩略词涌现出来，尤其是随着短信语言日益流行。以下是可能在电子邮件中看到的一些常见缩略语：

据我所知（AFAIK，As far as I know）

回头见（BCNU，Be seeing you）

顺便说一下（BTW，By the way）

再见（CUL8R，See you later）

仅供参考（FYI，For your information）

谢谢（TNX，Thanks）

学会使用这些缩略语，以及在公司、专业或行业部门中常用的另外一些缩略语，不失为一个好主意。

注意：在对外发送的电子邮件中，收件人可能不理解你使用的缩略语，所以你要慎重使用。有时你要在缩略语后面使用括号来标注完整的术语，这样做显得你很有礼貌。当然，这是又一个可能会产生误解的领域，而排除误解可能会耗费大量时间，原本是可以避免的。

附件

电子邮件因可以添加文档或文件附件，应用越来越广泛。附件包括文字文档、图像、声音或视频文件。你甚至可以通过电子邮件发送计算机程序。

　　发送附件时，电子邮件程序会从文件所在的位置复制文件并将其附加到邮件之中。图像文件上传和下载可能需要一些时间，因此如果对速度有要求，建议尽量控制图像文件的大小。

　　有时，作为电子邮件附件发送的文件可以压缩一下，可能会有所帮助。压缩一下就可以减少传输文件时所消耗的上传时间。如果有人给你发送的文件已经压缩过，也会加快你的下载速度。Zip 和 Stuff it 是比较有名的压缩软件，微软在其 Windows 最新版本中也加入了一个压缩工具。

　　将文档和文件作为附件发送的优势在于提高通信的速度和效率。文件接收者可以将这些文件存档，还可以根据需要移动、编辑、退回或者转发这些文件。

　　你如果担心存在安全问题，则应发送 PDF（打印文档文件）格式的附件。此格式可防止收件人编辑文档。这是一种安全手段，因为 PDF 文件可以打印，但不能修改。对于敏感材料来说，这样做非常安全。

超链接

　　我们在向他人发送信息时，可以在电子邮件中插入超链接，这特别实用。你如果需要将网页上的可用内容（并且你没有这些内容的副本）传送给收件人，就只需在电子邮件中插入超链接即可。收件人只需单击链接就可以打开网页。要知道，点击链接打开网页也需要时间，因此有些人可能会觉得麻烦，不去打开。因此，如果你以这种方式发送给客户的信息是完整信息的一个部分，那么客户可能永远看不到链接的信息，如此一来，就会削弱整体效果。但这是一个很好的方法，可以增强技术信息。也许你应该经常测试一下，看一看你附上的链接是否有效；我似乎收到了很多无效的链接，这对双方来讲都是在浪费时间。

潜在问题

电子邮件及其所依赖的互联网可能会造成一些严重的问题，比如垃圾邮件、病毒以及低效管理电子邮件文件所浪费的时间，这些想必我们大家都很熟悉。在这里，我就不列出详细信息及补救措施了（尽管有一点值得一提，那就是，任何组织都必须谨慎行事，严格遵守有关安全的指导原则等）。但在结束本章时，我列出一些注意事项及要点，这些事项及要点不仅限于如何写电子邮件。

不要：

- 仅因为容易而选择发送电子邮件。

- 用大写字母输入文本。这样做会被理解为大喊大叫。

- 将发送电子邮件作为妥善交代的替代方式，或者身为经理，用电子邮件将一项任务委托他人。

- 发电子邮件来摆脱自己的责任。

- 在电子邮件中放入机密信息；该信息可能遭到滥用。

- 未经某人允许，转发他的电子邮件。

- 假设你的收件人想要收到邮件，而且非常渴望。

要：

- 在发送任何内容之前，仔细思考及阅读（或点击"稍后发送"按钮，留出一些思考时间）。

- 准确，这样就可以避免后续核对及电话问询。

- 及时回复。因为电子邮件很快就可以收到，所以对方通常也预期很快得到回复，而不是稍晚回复。

- 礼貌、友好，但不要自然而然地以为对方对各种术语都很熟悉。

- 尽量减少附件。

- 避免官样文章。

　　总的来说，说的话要很简单。在对你有利的地方利用技术来处理文本信息，但要小心，要认识到各种缺点，确保关注细节能给工作带来实效。记住，你可以从一个人的"电子邮件样貌"中了解到很多关于此人的信息。电子邮件可以提供一个窗口，来帮助你了解这个人在其工作场所的地位、工作习惯、压力水平，甚至个性。例如，经理发送电子邮件时往往会使用"高身份"手段。经理的邮件形式及语气通常更为正式，你很少会看到俗气的段子、笑脸（表情符号）或者搞笑邮件。

对我们所有人而言，电子邮件都是一种宝贵的现代交流工具，但如果滥用或粗心使用，电子邮件可能会造成麻烦。总结一下，这里有十个基本技巧，可以帮助我们更好地使用电子邮件技术：

1. 可以使用电子邮件作为一种沟通渠道，但不要把电子邮件当作唯一的沟通渠道，这很重要。不要因为使用电子邮件又快又容易，就借此来偷懒。你可以用电子邮件记录讨论内容，也可以点击鼠标，通过电子邮件向世界各地发送具有超高影响力的消息。但电子邮件也会误导人们，使人们认为只能通过常规的群发邮件与人交流。要广泛使用电子邮件，但电子邮件也只不过是一系列沟通工具中的一种。不是每个人都能通过电子邮件联系到，电子邮件的这种非直接接触"缺少人情味"，那也就意味着因此失去亲自接触的机会，会感觉遭到轻视。

2. 要保持简洁，这大有裨益。人们往往不会立即阅读一封感觉显示不完的电子邮件。这种邮件往往会被留到稍后阅读，收件人通常直到一天结束或更晚才会去看。要判断一下什么时候该放下鼠标，面对面地接触对方，或者拿起电话与他通话，这一点非常重要。

3. 沟通清晰。电子邮件要求目的明确。你要确保信息可以理解，对此没有任何疑问，不会产生误解。此外，你要确定信息需要发送给谁，以及谁真的需要一份信息副本，这也很重要。在行动及优先事项方面，你可以使用列表或列出要点进行澄清。你如果需要查看谁收到且阅读了你的消息，则应按下响应按钮（或类似按钮）。

4. 鼓励开放式沟通。在发送电子邮件时，如果对方愿意，那么你可以请他提出问题或质询。这样做表明你很在意，愿意提供帮助。

5. 不要使用电子邮件来对人发火。你最好是把火气留在面对面交流（面部表情和肢体语言可以发挥很好的效果）或电话交流时发泄，因为面对面交流或电话中的语气可以表现得很清楚。发送电子邮件时，挖苦、讽刺、批评或恶毒的表达很不合适，或者需要非常小心，因为这种情绪很容易被误解。

6. 幽默也应谨慎使用。无论如何，你都要用机智和幽默来缓解沉重的气氛，但表情符号、笑脸及搞笑邮件通常不适合在工作环境中使用。如果你平时总爱开玩笑，那么一旦需要严肃地发表意见，就可能会让你感觉十分为难。有些组织禁止发送搞笑邮件，发送这种邮件风险太大，可能慢慢就会让人无法再发送严肃的邮件。在发送那些不仅会浪费你的时间，还会浪费别人的时间的东西之前，你要在这方面仔细考虑一下。

7. 延缓行动——遵守五分钟规则。匆忙写好的电子邮件要延迟五分钟（或更长时间）再按下"发送"按钮，这通常是一种明智的做法。你如果在写东西时感到愤怒或不安，那么最好在写之前休息一下，散散步或者做点其他事情。如果写邮件的话，你要待你冷静下来后，花点时间检查一下，然后再发送。

8．留出时间处理电子邮件。由于电子邮件在收到的所有信息中所占的分量越来越大，你需要抽出时间来处理电子邮件；你如果因此需要重新安排工作日，那就重新安排吧。

9．利用语言优势。为了避免错误，避免句子复杂拗口，要谨慎使用单词，确保交流清晰，同时不失电子邮件的简洁，这一点发送电子邮件的人都很喜欢。

10．选择回复方式。为了避免发送过多电子邮件（无论是否有必要），请仔细考虑是单击"回复"还是"全部回复"。我似乎收到了很多我不需要看到的邮件，只是因为发件人做出了不当选择。

要点总结

- 想一想你的电子邮件系统，不要使用自动回复的方式来处理电子邮件，因为这种方式不经大脑，既浪费你自己的时间，也浪费别人的时间。
- 不要未经考虑就胡乱发送副本，不管是谁都发送。
- 用一个系统来管理处理过的邮件及归档的邮件。
- 你如果很容易就可以与某人交谈，就不要在内部发送电子邮件。

第六章

要事优先

现在再来说一下绝对的基本原理可能有点为时已晚，但有一个事实，那就是个人时间管理的方法必须基于这个事实。这个事实非常简单，那就是，我们每个人每次只能做好一件事。但是从来没有人做得到。你不用和我狡辩。没错，当然可能会有一些事情重叠，但这根本不是一回事。就像一天只有 24 个小时一样，我们都被一个事实所困扰，那就是我们做了什么（不做什么，或者花更少的时间去做）最终会成为衡量成就的关键指标。

时间管理当然关系到通过某些方法来增加自己的有效时间，但时间管理同样意味着如何在这段有效时间内安排好工作，集中注意力做好该做的事情。因此，时间管理既关乎优先事项，也关乎其他事项。本章讨论关乎这一主题的一些问题，为你提供一些有用的方法。然而，从长远来看，高效时间管理者能够轻松、准确地确定自己的优先事项，这才是真正将高效时间管理者与其他人区分开来的一个因素。这件事并不是每个人都能百分之百地做对的，也许只有具备经验才能做到这一点，值得努力去学会做到这一点。

帕累托定律

在有效确定优先事项之前，你首先必须了解优先事项的重要性。毫无疑问，优先事项这个名字听起来就不言而喻，当然你可能会说："有些事情显然比其他事情更重要"。但你很容易低估"优先事项"这一概念对你要做的事情会产生多大影响，实际上，也就是对你的内在效能产生多大影响。帕累托定律（Pareto's law）以意大利经济学家维尔弗雷多·帕累托（Vilfredo Pareto）的名字命名，这一定律现在普遍称为二八法则。该定律将因果关系与一个比率联系起来，尽管在现实生活中并非绝对准确，但在许多商业活动中都可以发现大致为 80∶20 的比率，有时甚至相当精确。例如，公司 20% 的客户可能产生 80% 的收入，20% 的工业失误可能导致 80% 的产品质量不合格。

这一定律特别适用于我们要在这里审视的问题：20% 的会议时间产生了大约 80% 的决策；桌上 20% 要阅读的项目资料会产生工作所需的 80% 的信息。

此外，最重要的是，20% 的工作时间可能会占工作成功所需时间的 80% 左右。因此，在行事方式中反映这一点非常重要，这样就可以将注意力集中在能够产生巨大影响的关键问题上。

你可能无法准确确定哪些任务会产生此种效果。有些事情一目了然，有些事情可能需要仔细考量。你可以看一看工作说明，再看一看时间记录，仔细思考一下，然后再决定做什么最为有效。出于各种原因，优先事项可能并非总是那么显而易见。你可能会理所当然地认为一些关键事项就是优先事项。比如，一旦某些事项成为日常例行事务，你就会忘记这些事项有多么重要。当然，你不太可能在关键问题列表和时间日志上显示的花费时间最多的事情之间找到这样一种直接关联。

只需要简单反思一下，就可能促成工作模式的一些改变。明确的目标及明确的工作规范，加之明确哪些任务会产生什么结果，哪些是二八法则中的关键问题，这些是决定优先事项的唯一合理基础。有了这个基础，你就可以做好准备，高效工作，在关键问题上多花一点时间，相应地减少或杜绝次要事项。但奇怪的是，在某种程度上很难确定某些优先事项。我们如果想知道为什么，就要解决一个非常棘手的问题：明确"紧急"与"重要"有什么区别。紧急事件与重要事件在性质上不同，但两者都会产生压力，都需要安排"在其他事情之前"处理。我们在这里可以思考四个类别，这或许会有所帮助：

- 紧急且重要；

- 紧急但不重要；

- 重要但不紧急；

- 既不紧急也不重要（但仍必要）。

总的来说，关键在于首先要进行思考，深思熟虑后再做出决定，不要让某些特定的情况牵着你的鼻子去做某些事情，或努力去做某些事情。有些事项需要你快速行动，必须马上去做，或委派别人去做；有些事项可以等待，但你不要只是将它们放在一边，而是应该计划好或安排好，这样才能给这些事项留足时间，然后再适时完成。

这看起来有点困难，不过确实困难。但这种困难至少有一部分是出于心理因素。我们确实知道最需要采取行动的是什么事项，当然只是事后诸葛亮而已，但不知何故，环境和压力结合在一起，让某些事项具备了一些"不公平"的优势，而我们却任由这种状况影响我们的决策。这是一个关键领域，在这个领域，决心比技术更重要，而且不存在什么神奇的公式。你如果想在面对这些压力时保持条理清晰，那么必须深思熟虑，做出正确的判断，必须养成这种习惯。也就是说，还有一些其他方法可以将注意力及时间集中在优先事项上，我们接下来看一些例子。首先，我们可以采取什么样的有用方法来处理必须处理的各种零碎问题呢？

优先处理繁杂事务

让我来改写一下这个标题：偶尔把繁杂事务列为优先事项。没有什么堪称完美，当你制订计划，划分类别，把大部分时间花在优先事项上时，就会不可避免地出现一些繁杂的小事。如果事情恰好就是这样发生的，对许多人来说确实如此，那么如果忽视这种状况，假装什么都没有发生，则毫无益处可言。相反，我们需要认识到这种情况，需要做出决定，找到一个方法来应对这种状况。

最好的方法就是偶尔来一场闪电战，突击式处理这些零碎的事务。这并不是因为这一类事务中那些要做的个别事项至关重要，而是因为清理这类积压的工作就可以清除桌面及系统中的文件（请记住，你桌上80%的文件都不如其他文件重要）。因此，偶尔清理几分钟，然后仔细检查，看一看还有没有什么重要的零碎工作，如果需要的话，清理一个小时也无妨。把某个名字记在通讯录上，回复备忘录上的一些人的信息，给那些你想保持联系但最近没有资格被列为优先选项的联系人打个电话，填一下账户分析表等诸如此类的工作可能会被忽略，然后就会堆积起来，变成零碎的工作。

在理想情况下，你应该不会遗漏什么零碎事务。如果你的操作真能产生效力，那么这些事情就不会被遗漏。当然，这是不可能的事！你如果跟我一样现实，就会发现这个方法很有用。你要确保这种情况不会出现得太频繁，但一旦出现，你就可以发动"闪电战"清空桌面，重新掌控一切，这使你更能运筹帷幄，处理关键任务，还不会烦扰到别人，做完这一切，你会深感满足。

日程——向后梳理

有些任务非常直截了当。这些任务基本上都只涉及一件事，重要的是决定何时完成它们。但许多任务都是由多个阶段组成的，包含不同事务，有些可能需要自己独立完成，有些则需要与他人共同完成。此外，有些阶段可能要在不同的地点进行，整个过程可能需要数天、数周甚至数月的时间。因此，如果所有优先任务都要按时完成，那么以正确的方式安排这些多阶段任务就显得非常重要。你承接了一个项目，一开始你认为完成这个项目是很直截了当的，毕竟这种情况时常发生。想一想这个例子：你要制作一些内部通讯录。假设完成这件事情分为四个阶段：

- 确定内容；

- 撰写通讯录；

- 设计通讯录；

- 打印通讯录。

你完成了第一阶段和第二阶段，但此时发现花费的时间比想象的要长一些。于是，你匆忙进入第三阶段，但忙到中途，你发现很明显整个工作无法按时完成。此时，或许你可以加快进度，但其他优先事项可能会受到影响，或者要想赶在最后期限之前完成任务，唯一方法可能就是借助额外的帮助，或者多花一些钱，或者两者兼而有之。你需要做的是从周期的终端开始着手安排：

- 从最后期限开始着手。
- 估计每个阶段所需的时间。
- 确保总体可用时间符合总体任务需求。
- 为意外事件留出足够的时间。事情不可能总是按计划进行。
- 孤立地看待一下这件事，看一看这件事将如何融入当前其他项目及职责，或者会对当前其他项目及职责产生何种影响。

你可能需要调整各个阶段的工作方式，以适应正在进行的其他事项。例如，也许你可以把某个阶段的工作委派给别人，这样等他们做好之后，你就可以直接拿过来，接着去完成别的事情，直到工作最后完成。早期你可能有很多选择，但一旦完成了一部分，选择的数量就会减少，其他事情受到影响的可能性也会增加。这里所需要做的是，项目之前要有足够的规划时间，通过全盘思考来看清整体情况，而不用去推断整体情况，也不会因为认为"没问题"而把事情设想得过于简单。

认真对待截止日期

你一定听过有人喊："如果我当初想要明天要，我就会明天跟你要了。"关于截止日期，有一个最大的问题，那就是截止日期具有紧迫性——昨天似乎有好多事情需要做（有时是因为某人计划不周全），一不小心，弄得你现在就好像要用一生的时间去追赶进度。正如红皇后告诉爱丽丝的那样："在这里你会看到，要想待在同一个地方，你必须竭尽全力。而如果想去别的地方，你则必须加倍努力。"

因此，最后期限的设定必须现实，这给上一节所述的要点带来了负担。给自己留够时间，制订一些应急计划，这样你就可以妥善处理事情，并且仍然能够按时完成任务。这很好，还是真的很好吗？关于截止日期，还存在一个常见并发症：人们不能认真对待截止日期。从某些方面来讲，这可以理解，因为可能会有很多事情都悬而未决，都要在截止日期之前完成，你不仅要考虑结果，而且要考虑声誉。因此，如果某项工作必须在月底之前完成，那么为了"安全起见"，你最好要求在 25 日之前完成。但这种做法，以及这么做的人，在办公室里尽人皆知，大家对此都很了解，所以截止日期的接受者会做出决定，认为一周后完成也可以。如果这件事涉及几个人，那么随着事情的发展，就可能会产生更多或者更严重的误判。总体来说，错过最后期限的可能性会大大增加。这可能有点讽刺意味，一开始是为了确保在最后期限前完成，但最终却导致不太可能实现。

这个例子的寓意十分明确。在与你有关的任何小组中，尽量确保有关截止日期的情况明确公开，每个人都要这样做。如果某件事需要在本月10日之前完成，请把它讲出来。如果可能会出现某些意外情况，那么你也要说出来："必须在本月10日之前交给客户，让我们在本月10日的前两天准备好，以便有时间进行最后一次检查，确保我们不会有损对客户的承诺。"这样一来，一方面，就更有可能遵守最后期限，部分原因是人们喜欢这种方法，更加肯定能尽量去履行承诺；另一方面，还能防止将其他事情置于风险之中，因为人们不需要再花时间去赶一个最后期限，而且它可能还不是原来确定的最后期限。我们不要再人为地将问题扩大化了，大多数办公室的压力都已经很大了。

虽然很多事情都必须在截止日期前完成（包括写本书），但有些事情的具体完成方式会影响完成该事项所需的时间。对于这些事情而言，审查一下方法，会有好处，可以节省时间；对于其他事情而言，这样的审查可能会让你采取一些这些事情根本就不需要采取的行动。这些行动可能比你想象的要多。然而，你首先考虑那些必须要做的事情，但是或许可以采取与现在不同的方式去做。

审查任务的方法论

还有一个有用的方法，可以确保你有足够的时间去完成优先任务，那就是检查这些任务及其他任务的具体执行情况。显然，做事的方式——方法论会影响做事所需的时间多少。因此，审查特定任务的工作方法很有意义，或许应该定期这样做。我并不是建议你停下所有其他工作，只花时间去检查事情是如何完成的，而是建议你给自己安排一个任务，每隔一段时间就回顾一下一系列事情，看一看是否有有价值的改进空间。

再次以我的写作为例。我的第一本书是我手写的，我的秘书在打字机上把它打出来，然后便开始了漫长的编辑及重新打字的过程。从那时起，我就开始自己输入材料，整个过程发生了变化，也简化了。我仍然需要决定写些什么（我可不希望出版商认为写点什么非常容易）。但整个过程所需的时间要少得多，尽管我还得学习打字，还打得不太完美，但总的来说，节省了时间，很值得，当然还有其他好处。例如，我可以在举办活动时输入、在旅途中输入，这样就可以节省更多时间。显然，有没有可能对任务进行更改要取决于任务的性质，但所有事情都有其价值所在，例如：

- 把以前随机或者反反复复进行的任务系统化。
- 更改实际操作的方法（如上面的案例所示）。

- 与他人一起合作（例如，在工作中，我也会做一些文案工作，设计一些小册子，而且我一直都会与我的一位同事一起检查副本；有了另一个人，就可以更确定、更迅速地关注过程，比一个人坐在那里冥思苦想要好得多）。

- 降低标准。一种方法可以做到完美，另一种方法更快，可能没那么完美，但会让你取得可以完全接受的结果，有时还可以省钱。

- 分包。换言之，花点钱去找一个外部供应商，让他们做一些事情，比你做得更快，有时还会更省钱，做得更好。

同样，这样的方法还可以列举很多，你可能会想出适合你的特定工作，最适合你的行动路线。然而，有一个原则，那就是要检查一下，看一看是否有更好的方法去做某件事，这一原则十分有道理。这一原则需要积极审查，需要开放心态。只要可以促进这一进程，任何你能想到的方法都值得考虑。也许你选择了某些任务，并与同事交换了任务，这会给你带来新的思路，促使你对工作方法进行新的思考。你对方法论有所付出，方法论就会对你有所回报。不管这一切是怎么发生的，你都要让它那样发生，因为做任何事情永远都不会只有一种正确的方法，改进方法可以大大节省时间。

消除不必要的事务

一旦被问起，大多数人会否认，谁都不想承认他们会花时间去做不必要的事情；毕竟，这听起来十分荒谬。但这种事情确有发生。人们之所以会花时间去做不必要的事情，有各种原因。看一看下面几个例子：

- 习惯。你总是按时参加月度会议，阅读定期分发的报告，检查某些信息，归档某些项目资料，并与某些人保持联系。此外，这些习惯很容易一直继续进行下去，无须思考，自动循环往复，从而就会占用不必要的时间。

- 保障措施。做这些事情是出于自我保护。万一有些事情出了问题，万一有人问起原因，万一……怎么办？有时原因并不清楚，你只是觉得有些事做了比不做更安全。归档及记录就是这样的例子。

- 规避。有些事情已经没有理由再继续做下去，但你还是继续去做，因为这样做可以表明你没有时间，而且有借口去逃避承担或尝试一些可能有风险的新事务。老实说，你真的从来没有推迟去做新事务吗？

- 预期。你做事并不是因为这些事的真正价值，而是因为这些事在等着你去做，或者你觉得这些事在等着你去做。在团队中，你不想让他人失望，尽管忽略优先事项会让事情变得更令人失望。

- 表象。你做事是因为这些事也许从政治的角度来看是"好事",可以参与其中,而且每个组织内部都会搞一些政治。你在组织中的地位及人们对你的看法很重要,但一定不要过度参与,因为过度参与可能会导致自我挫败,并且别人会认为你没有更好的事情去做,只好在那里自我满足。

所有这些都可能发生,而且毫无疑问,每个都有合理的理由。你确实需要参加一些会议来证明你很投入,这是一个切实可行、优先的方案。但是……在这个领域你需要非常强硬。你正在做的事情中有没有什么可以停下来,而且不会显著影响结果的?一个诚实的评估表明,对大多数人来说,答案是"是的"。因此,如果你有一段时间没有检查,请立即检查一下,然后定期检查,确保不必要的任务不会再次偷偷出现。

这是怎么做到的呢?很简单(这是像我这样的顾问会花很多时间和客户一起做的一件事一样),你会问为什么?为什么要做一些事情?如果答案是因为这就是这件事的运作方式,这就是系统,或者最糟糕的是,这是这件事一直以来的操作方式,那你就再问一遍。如果你真的找不到更好的理由,那么这项任务很可能会被淘汰。你如果做不到这一点,也许可以少做一些,少做一些细致的动作,或者调整一下方法,节省时间,把注意力集中在优先事项上。这是另一个可以从时间日志开始着手的领域;重要的不是你在做什么，而是这件事花了多少时间。你如果能坚决果断地面对这种问题，开诚布公地给出答案，就可以通过这种方式来节省时间。

练 习

前文提到的"为什么"这个问题可以带你立即开始练习，给你机会将所做的事情与本书的内容联系起来。你可以选择一个领域，然后考虑做某件事所涉及的方法，并且提问"为什么要这样做"。这样一来，你可能会找到一个不那么紧迫的原因，就可以继续去审查、更改、改进。

危险——保持距离

至少对你来说，某种特定任务可能会被归类为不必要的任务，这一点十分合理。坍缩的恒星会形成黑洞，黑洞非常巨大，具有非常强大的吸引力，能把一切都吸进去，甚至连光线也无法从中逃逸出来，如此一来，老生常谈的"努力都付诸东流"也就显得不值一提了。在大多数办公室里，都有类似这种现象的公司事务，"工作黑洞"会吞噬你所能想到的所有时间，甚至更多。你要当心这类公司事务，当心这些"工作黑洞"，它们就像真正的黑洞一样，你如果靠得太近，就再也没有回头路可走，一旦参与其中，就意味着其他所有计划都必须暂停。什么样的工作可以被描述为"工作黑洞"呢？这些工作包括：

- 涉及许多不同且复杂任务的项目；
- 可能会有争议的项目；
- 不可能完成的项目，无法让大家都开心的项目；
- 可能会令人声名扫地的项目；
- 占用过多时间的项目。

这些项目涵盖了一系列事务，从组织公司成立二十周年庆典，到将公司迁至新办公室。这样的事情必须做（你的工作描述中可能也有这样的事情，不过在这种情况下，是另一回事），但这些工作通常需要的是"志愿者"。这可能意味着总经理在公开场合建议过，"当然，这只是一个建议，但一定要记住这个建议是谁提出来的"，所以，拒绝这样的建议会显得非常危险。在这一时刻，其他人都会长舒一口气，决心不参与，哪怕只是需要提供一点点的支持，也不要参与。

但凡有一点点智慧，你就会知道办公室里的哪些任务具有这些特点。你如果重视自己完成其他任务的能力，那么应该做好计划，一旦到了危险的时候，就转身离开。不要怪我没有警告过你。

对优先事项充满信心

最好的时间管理者能够成功梳理事务，将时间及精力集中在优先事项上，而他们之所以会这样做，一个原因似乎是他们能够决定什么事项是优先事项，并且能够迅速而坚定地做出这样的决定。其他人则要花费宝贵的时间，不但要决定首先应该做什么，而且要反复审查，来复核这一决定。当然，情况会发生变化，可能需要进行一些持续审查，但正如俗话所说的那样，这就像有事没事就把植物挖出来，看一看它的根部，检查一下是否生长良好，这样做一定不会有什么好处。类似地，一些人似乎总想在决定好的事情上消除疑虑，这种做法可能只会浪费时间，而且在我看来，这也是产生压力的一个原因。

决策过程从审查及分析开始。记住，一次只能做好一件事，必须清楚清单上的关键要素是什么，哪些事项真的最重要，哪些事项构成真正的优先事项。在彻底思考这一切之后，你需要做出决定。此时，你就不要再怀疑这个决策是不是好决策了，没有理由再怀疑。

此外，无论如何，再多的进一步审查也不会改变这一事实，就是你一次只能做好一件事，无论这听起来多么不合逻辑，那一长串"待办事项"有时总会敦促我们去寻求改变。不管单子上第一件要做的事情后面还排着 10 件事情还是 100 件事情，总有一件事情要第一个去做。

所以，你要做出决定，坚持下去，继续完成任务。越快做到这一点，就能越快接着做单子上的后续事务。关于职场压力的文章有很多（虽然不是我写的），但压力是对环境所做出的反应，而不是环境本身。你应该可以说你：

- 了解自己的优先事项；
- 在合理、彻底思考所有事实的基础上，明智地做出了工作规划决策；
- 明确目前没有什么方法可以让事情变得更容易；
- 知道随着任务的推进，你将有效地完成任务，而且你要使用的方法十分合理。

然后，你就会对这个过程感到舒服、自在，就会拒绝任何压力倾向。一边担心可能会有更大优先事项，一边努力工作；知道还有其他各种事情在排着队等待关注，但还未及时梳理；对自己做事的方式尚有疑虑。这些做法必定会产生压力。要条理清晰，保持冷静，这样你就能更好地保持效率，提高效率。

要明确优先事项，这一做法不可以低估。要多多练习。看一看时间日志，分析一下你所做的事情，你可能会发现，你做过的很多事情都大可不必去做（永远不做或暂时不做），而这也不会造成任何问题。然后，你就可以创造性地寻找方法，研究如何利用节省下来的时间。

要点总结

- 记住，要想成为一个高效的时间管理者，决定优先事项至关重要。

- 你需要一种系统的、有效的方式来定期审查优先事项，决定什么是第一位的，什么是第二位的，以此类推。

- 做事的方法要现实，这样才能交付任务。

- 坚持优先事项原则，如果偏离了意图，就要采取行动。

第七章

控制文书工作

让我们从积极的方面开始，不要让文书工作压倒你。尽管你可能无法完全消除文书工作，但你可以控制文书工作。你有必要控制文书工作，或者至少应该控制某些文书工作。在这方面，信息科技专家在很多年前就开始谈论"无纸化办公"，而我的办公桌上至今仍然堆着很多东西。信件、备忘录、电子邮件、报告、表格、提案等，这些东西会形成一个稳定的文件流，堆在办公桌上，横躺竖卧。你不是在阅读，就是在写作，不是在做此类文书工作，就是在处理涉及文书工作的事情。所有这一切都会占用工作日很大一部分时间。从时间管理的角度看，我们要做的工作是：

- 消除文书工作；

- 最大程度地压缩文书工作；

- 高效处理必须做的文书工作。

在这方面，我们可以考虑一系列大大小小的想法，帮助自己控制文书工作。这里并没有穷尽各种方法，没有哪种反思能够穷尽所有方法，但列出想法是一种重要的方式，这可以帮助你思考如何处理文书工作。归根结底，因为我们桌子上的文件彼此各异，所以我们必须找到适合自己的方案去解决这个问题。这里我选取了一些原则，以便为解决问题提供合适的基础。想一想如何将每天的文书工作量降至最低，这是一个不错的开端。

制定目标来尽量减少文书工作

也许在这方面，你首先要问的一个问题十分简单，那就是：所有的文书工作真的都有必要做吗？我们马上把这件事弄清楚，大部分文书工作都有必要。本书已经举出了一个这样的例子，那就是你的工作或时间计划需要通过书面方式来制订。但有些文书工作是可以消除的，通常我们需要做的事情就是，不要着急行动，在写东西之前先停一下，问问自己这件事是否真的有必要。看看桌子上的东西，看看有多少是不必要的文书工作，想想有多少文书工作可以通过其他方式来完成。当然，有人把这么多文书工作都送到你的办公桌前，想必是出于好意。也许别人也会这样看待你所做的文书工作。

那么你该怎么办？书面交流的主要替代方式是电话。打个电话通常比书面交流快得多，而且并不是所有事情都需要书面记录，这就是减少文书工作最可靠的方法之一。

关于如今无处不在的电子邮件，这里也值得一提。与其说电子邮件给我们带来了紧迫感，倒不如说我们所感兴趣的东西（尽管它毫无疑问是很有用的）有着电子邮件的风格。似乎电子邮件已经发展出一种完全不那么正式的风格，不管是在拥有多间办公室的大公司内部，还是在外部组织之间，这种风格都完全可以被接受，而这种风格就是一种快速沟通形式。至关重要的是，电子邮件很简洁。简洁意味着节省时间，但也必须做到易于理解。我们要适时打印、归档电子邮件，让计算机中所列的邮件处于可以管理的范围。

另外两点也值得一提。为了减缓因造纸而对森林所产生的破坏，为了解决时间问题，我们要尽量考虑一下是否使用纸质文件。写信是一回事，但是纸质文件的流通助长了文书工作的激增，这是另一回事。不要不假思索就把组织中的一半人员都列出来，先想一想有谁确实需要这份文件。

你的文档可以进行标准化处理吗？有许多日常交流记录都可以储存在计算机中，可以是整封信或文件，也可以是单独的段落，还可以是组合内容。在这方面，技术确实可以帮助我们节省时间。但有一个警告非常重要：如果标准材料不合适，那么你绝对不要使用。例如，在销售领域，我看到许多信件及建议都声称"标准"，而这些信件及建议本应视为个人回应。此外，任何标准材料都应被仔细检查，以确保其文笔良好，否则可能会反复产生一些糟糕的甚至破坏性的东西。文书工作当然可以节省时间，但不应以降低质量为代价。

养成简洁习惯

如果你的书面交流不仅简短，还仔细、简洁、准确，当然也很清晰，这就不会那么浪费时间了（我不是想在这里写一篇论文来讨论如何让沟通更容易，但永远不要理所当然地认为沟通是易如反掌的一件事。情况通常恰恰相反，当人们通过反复询问去澄清事实的时候，这会浪费大量时间，误解就是造成浪费的因素之一）。我还是有必要在这里写上一小段（原文如下），因为我注意到许多人不愿意写简短的商业信函，这很奇怪。一个例子可以说明这一点：A 在开会前写邮件给 B，询问 B 的航班何时到达，以及是否需要去机场接他。通常，回复大致如下：

尊敬的 A 先生，

感谢您 2009 年 7 月 24 日的邮件，我将于 7 月 30 日（下星期四）到访您的办公室。很高兴地告诉您，我所有的旅行安排现在都已经完成，您可能还记得我在一次沟通中遇到了问题，但现在我已经掌握了完整的细节。

我将在上午 10 点乘 915 次航班到达。这应该不会影响我们的午餐会时间，不会造成任何时间问题。关于您主动提出到机场接我，如果您在这方面能够提供帮助，我会感激不尽……

诸如此类。如果这两个人彼此稍微多了解一点点，那么回复肯定是：

尊敬的 A 先生，

很高兴收到你的邮件。我将乘坐 915 航班于 7 月 30 日上午 10 点到达。如果你能在机场接我，那么这对我是个很大的帮助。我会留意你安排的司机。非常感谢，期待很快见到你……

我知道我更喜欢哪一封邮件：第二封。它的信息很清楚，我不必费力地读完任何无关的材料，这会节省我的时间，而且第二封邮件可能只有第一封邮件长度的 1/3 或 1/4，书写及发送所需的时间更少。我认为第二封邮件依然非常礼貌，我希望更多人采用这种方式。你如果可以用三行文字来表达，就用三行。你现在考虑一下将三页备忘录减为一页，把报告由 20 页改为 10 页……节省时间。我说过了，只写一小段。无须多言，观点就能说清楚。

简洁这件事已经提过了，但这个词值得在这里再提一次。在很大程度上，电子邮件已取代过去冗长的备忘录，而在这些邮件中，简洁似乎已成为一种习惯。尽管如此，简洁仍然是一种节省时间的方法，但前提是不要牺牲清晰度。

尽量减少对文书的处理

首先，我们来练习一下。

练 习

有一个有趣的实验，你可以尝试一下（不会花很长时间，反而最终可能会节省你的时间）。你先选择今天摆在桌子上的10个文档，包括信件、备忘录和文件，所有这些文档都需要你采取一些行动。你可以在这些文档的右上角用红点标记一下，然后就简简单单地像平时那样处理这些文档。之后，每次接触这些文档时，你都在右上角另加一个红点。随着时间的推移，你就可以计算出文档经手的次数。例如，今天收到一封信，并且：

- 你读过了；

- 你决定不立即处理，而是把这封信和打算下午花时间去做的工作放在一起处理；

- 下午你开始工作，找出需要做的事情，但却被打断了；

- 这封信又搁置了下来，和这一天中留下来的许多项目放在一起，第二天早上你要再把这封信捡起来，事情就这样继续下去。

在这个案例中，我们想象的只是一封简单的信件。在其他情形下，项目及流程会跨越数周甚至数月，你可以想象你要标注多少个红点。我们将这一操作称为"麻疹测试"（measles test），这可以帮助你确定处理事情的方式会如何影响处理这些事情所需的时间。有时，多次"标注红点"很有必要，但其他情况可能会让你大吃一惊，因为你想象不到有些事情要在办公桌上拿上来、拿下去多少次，才能最终解决。了解应该在哪里做出改变，这是改变的第一步。

通过上述方式所获得的信息会很有用处。有时人们很容易做出改进，例如使用提示文件（见第三章）可以减少一些"红点"。在其他情况下，提示文件可以引导你回顾一下处理某些任务的方法。不论是什么情况，我们都应该遵守这样的原则：在问题解决之前，尽量减少处理这些问题的次数。

你如果有一个清晰的计划及系统，可以对工作进行分类，就应该立即着手去处理这些事情，或者出于某种原因，你可能需要将工作暂时搁置，之后再去处理。如果你严格这样去做，那么多次处理文书工作所占用的时间就会减少。但我们还是现实一点吧。事实上，大多数工作并不是由数千个完全独立的任务组成的，如果真是这样的话，事情就可能会更容易。对于很多人来说，不同项目及领域之间有很多联系，但实际上，一些工作的某个要素可能涉及创造性地发现联系，这些联系可以通过所谓的协同作用（俗称"2+2=5"效应）转化为机会。这一切可能都需要我们对文书工作所反映的情况进行充分审查，以便抓住这一机会。因此，这条规则与其他规则一样，不能盲目应用。你需要对某些项目有足够的视野，才能有效操作，并且必须小心。你如果觉得某种方式不适合自己，就不要用这种方式去减少文书工作了。

我不想让我的建议成为读者的桎梏。然而，我在这里提倡的原则很合理。一般而言，注意一下事情会经手多少次，并尽量减少这个数字，对时间管理而言很有意义。

不要让文件及归档工作浪费时间

"这份文件你还会再用吗？还是先把它归档？"简而言之，这就是归档的问题。归档常常只是将文件从桌子上拿走的一个方法，虽然某些系统可以提示文件的去向，但这对于应该保存什么文件或文件该保存多长时间并没有真正的思考，这就是浪费时间。一家跨国巨头的调查显示，只有 10% 的存档文件会被再次用到，这一数据令人震惊。这还是一个以效率为荣的组织发布的数据，那普通人还有什么希望呢？

这意味着90% 的文件材料原本就应该被销毁，而调查称"在适宜的环境中保存这些文件，还要有合适的温度"，这会产生巨大的成本。我们关注到，在这方面浪费的时间同样令人担忧。但有些东西确实需要归档，所以不能不分青红皂白就将其一起处理掉，因此你需要一个系统。

你可以通过各种方式，让其他人来设计系统，或帮助你设计系统，但为了实现一致性，应该始终由你来决定各种文件何去何从。是不是关于重组（reorganization）的文件都要用 R 来表示，或者用 O 表示组织（organization）或办公室（office）的文件，用 E 表示效率（efficiency）驱动方面的文件，用 B 表示老板（boss）中意的项目？工作中经常会发生一些严重的问题，比如努力查找文件一年的人都会知道这个问题：很少有人能永远记住种种细节。所以，你要做对系统。你很难做到一刀切，因为你可能需要账户文件、项目文件，还有其他十多种文件，甚至所有这些文件你都会用到。通常来说，你最好设置多个类别，每个类别都单独用 A 到 Z 来标注，而不是用一个庞大的系统去处理所有事情。在审查可能要存档的材料时，实际上你只有三种选择：

- 不归档的，扔掉；

- 归档，不考虑会存放多久；

- 在文件中明确标注销毁日期（或至少标注审查日期）。

让我来提醒你一下，你要仔细考虑需要保存多少东西，然后思考一下控制归档的方法。你可以看一下你桌子上或桌子周围的文件，现在能扔掉多少？答案可能是，很少。但是想象一下，对于这些文件，未来六个月、一年、两年之内你需要多少？实际上答案是越来越少，而且随着未来的发展，答案一定会是越来越少。那么，为什么不多扔掉一些呢？

想一想其他东西都收在哪里。你如果需要登记一些东西，比如每三个月一次的定期财务总结，并且你知道在 30 秒内就可以从会计那里弄到财务总结，那么为什么还要保存那个文件呢？想一想存档的"以防万一"的东西。在你心里，你可能知道自己一点儿也不差，能够判断什么东西还有用，但你还是留下了太多文件。你要相信你的直觉，记住一句老话："如果它看起来像一只鸭子，并且嘎嘎叫，那么它很可能就是一只鸭子。"如果你百分之九十九确信某些文件很快会变成垃圾，那么你的判断可能是正确的。毕竟，那是你的文件，你很了解，所以把这些文件扔掉。

但是，如果你搞错了，扔掉的东西又需要用了，那么这不仅仅是浪费时间的问题了，你要考虑实施一些保障措施。有两个系统可以提供这种保障。首先，批量归档，不过这种归档不要过早完成。你可以按照从 A 到 Z 的顺序将所有内容放在批量归档的文件中，这非常简单，一个月（你自己选择时间）后再归档。但在归档之前，你要仔细查看，看看想保留什么。只需要一个月的时间，你就会发现自己竟然放弃了那么多文档，并对此颇为惊讶。其次，你可以使用"年表"文件。这个系统的工作原理是，把每封信和每个文件的副本按照从 A 到 Z 的顺序直接归档，就像一个大的快劳夹①。这个文件要保存一个固定的时间长度，可能是一年中的文件按季度保存，这样更易于管理。每当第四个季度的文件装满，今年第一个季度的文件就可以丢弃了，然后用当前的材料创建一个新的季度文件夹。这两种系统中的任何一种都适合你，或者两者都适合。有了这两个系统，你就可以毫不客气地扔掉一些文件，因为即使偶尔出了差错，你也可以在备份文件中找到想要的文件。

设置一个销毁系统，这会使许多系统受益良多。你可以通过设置日期（可能以年为单位）或者控制容量来实现，这非常简单。我有一个文件抽屉，按日期顺序保存文件，每次向抽屉里添加新内容时我都会扔出一些东西。抽屉总是刚好装满，这与抽屉里的东西看起来还有用的时间段非常吻合，这使我不会在文件上面浪费时间。

---

① 快劳夹也称杠杆文件夹。——译者注

　　请注意：冒着离题的风险，我回过头来再说一说电子邮件。你可以根据时间来控制收件箱中的邮件，这种方法很有效。你可以在进行一些清理之后，保留去年或你认为合适（安全）的时段的材料，每个月都删除最早的月份的内容。我就是这样操作的，我都不记得上次出问题是什么时候了。

　　这些事情必须在适合办公室工作的基础上进行系统化。如果事情井然有序，并且你能找到想要的东西（如果没有太多东西可以查看，那本来就很容易），不必花时间不断使用系统来腾出空间装下越来越多的东西，那么这个系统会很好地运作。这样一来，是你在操控系统，而不是系统在操控你。归档的顺序也必须有助于节省时间。

　　注意：如果你的文件（即便是一部分）保存在计算机中，那么请考虑一下是否应该打印那些文件。另外，定期制作电子备份文件，单独存储。我知道你了解这一点，但你做到了吗？

保持文件整洁有序

　　我觉得我从不丢失东西（很少丢）。我很少丢东西，但在近两次罕有的丢失东西的情况下，我发现丢失的文件就被回形针夹在一批不同信件的后面。这也许是一件小事，但寻找文件，而且重新安排这些乱糟糟的文件，会浪费一些时间。要想保持文件整洁有序，使用回形针不是最佳方法。当心：回形针确实容易夹住其他物品，从而悄无声息地给你制造麻烦。

文件必须保持整洁。你不要把太多东西放在一起（这会变得难于管理），尤其要注意一些你在办公室使用，同时可能要带到办公室以外的地方使用的文件。你可以用订书机装订、打孔装订或者用带子装订一下，但不要使用回形针。任何类型的文件都可以尝试一下，有许多不同的装订风格都很适合你。我喜欢那种顶部和底部有一个小封盖，把东西全部包住，边角处带有弹性的带子的装订方式。需要并行处理的事情越多，就越需要保持当前的文件整洁有序。

如果你一次只拿出一份文件，然后处理它，直到用其他东西整齐地替换掉这份文件，问题就没那么严重。如果你要同时控制很多球，这就至关重要了。在这方面，时间管理有些像杂耍。如果空中有很多球，其中一个球掉了下来，就会有更多的球随之落下。如果事情杂乱无章，那么你需要控制的东西越多，这就会造成越大的干扰，就会越浪费时间。你要在物理层面控制文件。

将文件电子化，但要谨慎

计算机可以改变办公室的工作方式，使一切都快速高效地付诸行动，这就是我们这个时代的伟大神话。但就像其他伟大承诺一样（"你的支票已经寄出"），这一神话并不值得完全信赖。现在，我不反对计算机，而且有些事情除了使用计算机，人们甚至无法想象还有别的什么办法。然而在办公桌前，对于个别行政人员来说，肯定存在效率及时间利用率方面的问题。有一些例子能明显证明计算机的效力：

- 可以在台式个人电脑上访问计算机上的数据库，大大减少对这些名称进行分类、分析或相关沟通所需的时间；

- 图形程序能够将一组令人困惑的数据转换为图形，并在瞬间传达出关键点；

- 桌面出版（DTP），意思是只需按一下按钮即可在内部制作文档，无须与三家独立的外部供应商联系；

- 电子邮件系统可以方便你快速地与分支机构或海外联系人进行沟通，而且允许你查看这些人的文件；

- 很多东西，比如绘制图表、分析数字、解释统计数据（还有玩井字棋）都有了计算机版本，相比之下，手写版本看起来太像古董了。

你可能会想到更多例子。有些系统可以使用，作为例行公事，许多系统都可以节省时间。然而，有些系统尽管非常智能，但并没有发挥应该发挥的作用。想一想在银行、保险公司或酒店，作为客户，你可能会对某些系统非常失望，想一想酒店账户。这些系统想必对酒店来说非常高效，但如果不进行某种程度上的精减，很多系统都很难理解，客户服务会因此受到影响。因此，计算机还有另一面：需要专业人员的帮助来建立许多系统（在某些情况下还需要专家来操作），虽然这会降低资金成本，但是也很容易被当作不作为的借口（如果每次旅行社的人都说"对不起，电脑坏了"，并给我一枚硬币，那么我现在都可以免费环游世界了；也许这就是旅行社越来越少的原因）。最重要的是，这些系统需要时间来建立，并且必须仔细平衡时间方程，以确定什么样的系统才最有意义。

有很多系统都可以帮人们大大节省时间。对于粗心大意的人来说，这也存在着一些陷阱，会让人付出高昂的时间代价。你要想尽各种办法，努力使用可用系统，一旦有新系统可用，你就试一试，但也要考虑替代品，然后你可能会得出结论：一些系统仍然可以很好地发挥效力。如果你只需要把电话号码记在袖珍笔记本上就可以很快地找到它，那么在没有找到更好的办法之前，为什么不这样做呢？

若非必要，不要复制信息

维护任何信息系统都需要花费时间。如果在几个不同的地方以相同或相似的形式记录信息，你花费的时间就会更长。这方面值得你检查一下，有一种方法可以快速检查，几分钟之内就可以完成。用信息在一个横轴上标出矩阵，如果将其放置在另一个信息轴上会产生一列勾选框，那么你保存这条信息的地方可能太多了。

不论是何种类型的信息，这种方法都可以很快显示出信息的重复程度，也可以显示出正在记录的信息数量。你如果接着想一想经常在哪里寻找信息，很可能就会发现，最初列出的地方只有少数被突出显示了。这反过来又对出现信息的其他地方提出了质疑。有多少保存信息的地方可以取消或者减少？调整一下，适当忽略，或者你如果想让自己的感觉更好一点，就集中精力去处理其他事情，让系统及信息随着时间的推移而激增，有时会远远超出目前真正有用的范围。顺带说一句，计算机信息系统是另一个需要关注的领域，在该系统中，记录额外信息的技术能力通常构成了记录这些信息的充分理由。重要的是利用这些资源。

若非必要，不要过多增加信息

有时，有些任务看起来很重要，然而之后发生了另一件事，表明那些任务根本不重要，或者可能不再那么重要了。有时会发生这种状况，那么时间就会因此而浪费，因为事情一旦发生，人们就不会再去思考之前那件事。我的一次经历可以说明这一点。我曾在一家公司做过一些工作，我问同事是否有某些信息（销售分析信息）。起初，答案是没有，然后销售部办公室的人说，他们实际上每个月都会向总经理办公室发送一份明细报表。总经理否认了，表示对此一无所知，但他的秘书无意中听到了，说她持有一份关于这个信息的档案。

我们检查了一下，发现果真有。这类资料每个月都会放在秘书的桌子上，然后她会把它们归档。回溯过去，我们发现大约两年前，总经理曾要过这份特别的分析总结报表，并且他们还编制了当月总结。总经理看过之后就把文件放在了秘书的文件盒里，秘书已经为此类文件建立了一个归档流程。销售部办公室在下个月再次制作了该月的分析总结报表，并将其发送给了总经理办公室，但秘书没有向总经理出示该文件，就直接将其归档了。两年来，这种情况每个月都在重复发生。销售部办公室的人每个月都要花数小时才能完成这项工作，生成数据，然而在总经理第一次看过之后，一切就都成了废纸。

一旦这样开始，这种情况就很容易继续下去。到底是谁的错？是销售部办公室的错？是总经理的错？还是秘书的错？又或者是三方都错了？他们可能会说，事已至此，也没什么好说的，但更重要的是，这样的事情当初能不能阻止？你应该制定一个规则，无论何时，有人要求你或需要你提供任何信息（向其他人提供副本），你都要记在日志上，提醒自己在未来某个时间（可能在 6 个月或 12 个月内）检查一下是否仍然需要这些信息。确定一下是否还需要继续发送：

- 频率依然相同（季度及月度发都行吗）；

- 所有列入名单的人员；

- 包括尽可能多的细节（可以总结一下吗）。

只要能节省时间，任何改变都值得一试，你可能会发现有些事情根本没有必要再做了。很少有人会主动提出要求，告诉你不要再给他们提供某些信息了，但如果你问一问，他们很可能会承认自己不再需要了，没有那些信息他们也完全没有问题。请注意这类事情，否则在你的组织中，有些事很可能会不必要地重复出现。

不要写下来

我很同情一位会议代表，他告诉我，经理要求他准备一份20页的报告，但是又把这份报告退回来了，让他做一个口头总结。他对这份报告投入了极大的心血和关注，对口头总结却毫无准备，而且他的即兴展示也没有他所希望的那么流畅，报告中提到的问题都被遗漏了，并且报告也从未被读过（毫无疑问，报告会存档，而不是销毁）。他很自然地对这件事感到委屈，很有怨气。也许这是有原因的。

当然，管理层应该考虑其行动、决策及请求所造成的浪费时间这一后果。你要采取某种方法来避免某些工作，以免占用你的时间，但这一方法可能会给其他人带来大量额外工作。你如果是一名经理，那么有责任考虑如何利用好时间，要考虑整个团队。如果其他人都忙着做各种不必要的任务及文书工作，那么你只提高自己的工作效率并没有太大作用。你需要做工作，需要采取行动，需要充分考虑。在许多情况下，书面指示、指南或确认不是必要，而是至关重要。但在其他情形下，情况可能并非如此。很可能你原本并不被要求提交上述报告。当然，作为或不作为是基于有没有查看报告中记录的详细信息判断的，大概相关经理认为他已有足够的信息，可以做出合理的决策。这种事情时有发生。除非此类行动的策划者提前考虑好，并且仅在确实有必要时书面说明某件事的细节，否则可能就会浪费时间。同样，那些接受此类请求的人也不要害怕，可以问一问，核对一下此类操作是否真的有必要。你无论是发号施令者，还是接受指令的人（很可能两者兼而有之），都要考虑一下。当然，你还要考虑其他因素。如果下次总经理要求写报告时你说了"不"，因此被严厉批评，不要哭着来找我。但在许多情况下，你可以核对一下，也应该核对一下（哪怕是与总经理核对），结果就是减少了文书工作。

快一点写

"快一点写"听起来似乎与"节约用水，与朋友一起淋浴"属于同一类建议，你很可能会问自己应该做些什么——匆匆忙忙地写些垃圾？不，关键是写作质量。你可以想一想你最近要写的一份相当复杂的文件，也许是一份报告。你必须考虑一下说点什么以及怎么去说，而且要设计一下信息的结构及顺序。这一切可能都需要一些时间。编辑文件，保证表述合理，也需要时间。

有一种系统的方法：首先确定信息，其次仔细考虑如何表述信息，这样就可以分开处理两个任务，整个事情就不会那么复杂。这不仅会帮助你写得更好，还会让你写得更快。我就不在这里讨论这个问题的细节了［请参阅我的书《如何撰写报告和提案》，我在书中详细阐述了这个问题］。可以说，如果你必须定期写作，那么这个领域也值得研究一下。

废纸篓——办公室中最节省时间的物件

最后，这一部分只有回归最简单的前提条件才能结束，那就是把那些东西扔掉，办公室文书工作的性质就是这样。如果办公桌及办公室时刻整洁，并且所需要的东西一直摆放整齐，方便拿取，每个东西都放在固定的位置，这就会有助于提高效率，节省时间。但如果这种良好的秩序被大量文书工作打乱（大部分文书都是为了"有备无患"），我们就无法提高效率，也无法节省时间。

桌子上乱七八糟地摆着各种东西，比如杂志、直邮物品、标有"流通阅读"和"供参考"的物品、与你无关的文件、会议纪要（你会希望这个会议从未开过）。大部分文件会导致你停顿太久，盒子里放着一堆又一堆额外的文件，公文包也被塞得鼓鼓囊囊的（例如回家要读的东西）。你要处理一下这些文件，赶早不赶晚。文书堆积如山，查阅起来十分困难，而你当机立断就可以把文书数量控制在较低水平，例如：

- 如果一份传阅清单上有你，而你今天却不想看东西，那么你可以再次把你的名字写在尽可能靠近后方的位置，然后把文件传下去；在你不那么忙的时候，文件会回传给你。

- 杂志至少要看一眼，也许可以撕下一两篇文章，再把其余的扔掉。

- 仔细思考一下，那么多"可能有用"的东西事实上是否真的有用；要么归档，要么扔掉。

所有这些想法及行动都会有所帮助，但大多数人都很保守，不愿意扔东西。除非你异于常人，否则你的桌子上及桌子周围现在肯定有可以扔掉的东西。你可以看一看，一边看，一边扔掉一些东西。你可以把装满废纸篓作为一天结束时的一个目标。你可以想象一下，废纸篓内部有一个刻度盘，显示装了多少东西。你甚至可以用节省的时间，而不是体积来设定这个刻度盘的刻度。

要点总结

- 文书工作（包括电子文书工作）可能会浪费大量时间，你要控制好文书工作。

- 定期检查、整理收到的文书。

- 仔细思考，再发起请求，以免浪费别人的时间。

- 一开始就要思考清楚，确保一切都尽可能简洁明了。

第八章

与人合作

在生意场上，你会遇到各种各样的人。有些人处得来，有些人处不来；有些人会帮助你、引领你或者教导你，而有些人则会激怒你；有些人会与你一起共事，完成一些事情，没有你们的合作，这些事情就不会完成。但是，无论是男是女、是老是少，这些人都会浪费你的时间。有些人会蓄意为之，而另一些人则是出于无意，但这终究都会浪费你的时间。

此外，由于企业中的人员互动至关重要，因此没有办法避免彼此互动，但你必须预见这些人对你的时间所造成的破坏性影响，并将这种影响降到最低，之后再与他们合作。在这里，我们来看一系列主题，这些主题本身就很有用，而且可以作为示例，告诉你可采取的方法。如果你需要管理他人，那么有些主题最为合适，其他主题则更具普适性，不过所有主题都会使你节省时间。

让我们先看一看一般人的问题。目的是让人们感受一下，看一看一系列"人的问题"，这些问题可能会对时间利用产生积极影响，也可能会产生消极影响，而且影响程度相当之大。

社交组织

一个组织就是一个社团。同事是熟人或者朋友，工作也可能很有趣（也许不是一直都这样，但这是一个相关对象），这就会产生一些问题，例如一句"早上好"可能最终使得半个上午的时间都在聊天中消磨掉了。在这一方面，你如果看一看时间日志提供的信息，就会感到十分惊讶。

我并不是建议禁止所有社交活动。我和大家一样，也喜欢聊天。事实上，如果不是靠偶尔聊聊天来促进交往，一个组织不仅会变得乏味不堪，还会变得效率低下。一方面，社交聊天与业务内容之间有一条难以界定的分界线，而我们如果对无法被明确标记为业务的内容加以删减，就有把婴儿连同洗澡水一起倒掉之险。另一方面，凡事都要有度，不要过火，要当心有些时候危险非常之大，而在这些时候，时间就会被浪费掉。这些时刻包括：

- 早上的第一件事是一句问候时，大家往往会扯开话题，开始深入分析，讨论起吃饭、约会、电视或电影、体育赛事或前一晚如何搞砸了什么事。

- 间休时。这时咖啡会送过来，或者大家都会聚在饮水机四周。

- 午餐时。这时，即使是讨论什么时候去、和谁去、去哪里吃饭的这一过程，也会耗费大量时间。

- 一天结束时。这时，每个人都很疲乏，聊天就有了正当理由，也很受人欢迎，这可以让大家提前放松一下。

注意：我觉得我好像又要老话重提了，但电子社交也需要牢记在心。有些时候，电子邮件或类似脸书、推特帖子之类的东西可能既有必要去看，又能节省时间，但坦率地讲，这种情况是少数。注意，你要下定决心在这方面养成好习惯。

也有一些地方，你一不小心就会陷进去，聊起来没完没了。在一些公司里，前台就像一个广场，人们熙来攘往，穿梭不停，打个照面就找到借口，趁机聊一会儿天。

人们的工作模式不同，在你有时间聊天的时候可能其他人并没有时间，反之亦然。大家都需要相互尊重在办公室的时间及精力，要想培养这种文化，每个人都可以发挥作用。例如，前文主张偶尔休息一下，从而集中注意力，但是你不要在休息的时候打扰他人。这不但会浪费别人的时间，而且你原本打算暂停两分钟，后来很可能会变成半个小时，还喝了两杯咖啡。有些对话即使很有用，也会严重扰乱两个人的日程安排。所以你要小心，要留意，当然，也没有必要彼此冷淡，或即使沟通有用，也不去沟通。但请记住，聊天是蚕食生产力的一个主要因素，你要相应地采取行动。

非正式联系

你确实需要去见见人，和他人交流一下。但是，和其他许多事情一样，你应该有清晰的计划，一定要考虑一下如何去见，何时去见，要花多长时间。对于这些，你是如何安排的？这已经成为一种独立技术，有自己的缩写——MBWA。这个缩写表示"走动管理"（management by walking about），描述了管理层，尤其是高级管理层需要与其他部门及同事保持直接的个人接触。无论一个组织的管理控制系统有多么完善，这都无法替代亲力亲为，所有人都需要亲自去看一看、听一听正在发生的事情，去看一看存在的问题及机遇。

管理层往往会受到保护，闭于一隅，这最终会导致他们对组织其他部分的工作方式缺乏真正的了解。因此，走动管理不仅是一个合理建议，还会起到真正的作用，有助于沟通。另外，走动管理还可以节省时间。最引人注目的是，一次实地调查和走访可以免去多次会议及报告，因为你自己亲眼看到、亲耳听到的信息会让你在决策过程中领先一步。保持联系会对你的工作能力产生实实在在的影响，因此这里所说的时间平衡（花费的时间与节省的时间）很可能卓有成效。尤其是你如果能找到合适的方法，为这一目标创造机会，就可以一举多得。

最近，我在为一家客户公司举办短期课程时，看到一个很好的例子。该公司总经理介绍了某个项目，并在最后进行了总结。我认为，这个做法很好，表明高级管理层要求其他人付出时间来参加培训，而高级管理层自身对此也很在意，这反映出大家普遍支持培训文化。第二天培训结束时，公司提供了饮料。大家都在聊天，这时，总经理打断了自己与一位员工的讨论，并做了笔记。大家偶然发现一个观点很有用，而总经理记下了这一点，以便日后跟进。这一切发生得自然而然，既有聊天，也有严肃的讨论。

这里的重点是，总经理无疑是一个大忙人，但他能自觉地让这样的聚会服务于双重目的：他很乐意支持培训，但如果这种培训给他认为很有必要的"走动管理"提供了机会，那么他会更愿意支持该培训。他可能会认为，单单做一个介绍并不是很值得去花时间，但后来大家一起喝饮料，一起讨论（事实上花的时间更长），培训就变得一举两得了，而且非常值得。这一例子值得玩味。

充分发挥工作午餐的作用

据说，部队要靠肚子来行军。工作也是这样，我们都得时不时停下来给自己补充能量。这与时间管理有什么关系？琢磨一下以下短语。首先，我们琢磨一下"商务午餐"这个短语。对大多数人来说，这个短语会让人联想到破费、冗长、代价大。如果再加上参加这样一个活动所花的时间，你就要仔细考虑一下这件事所涉及的总体时间。你需要考虑一下是否应该接受这样的邀请，或者多久接受一次。你可能需要与相关人员会面，但可能还有其他方法来实现这一点。你自己在发出这样的邀请之前，当然需要三思而后行。同样，第一个问题是是否有必要见面，然后是是否需要在午餐时见面。毫无疑问，宴请当然很重要。尽管你认为宴请是理所当然的，但一些相关人士（客户、供应商和其他人）则未必会对业务关系给予如此高的评价。然而，时间是有限的，你不能每次想到宴请就去宴请。每次邀请都应该是经过深思熟虑而做出的决定，而且宴请本身要有价值才好。你还可以考虑更为简单的选择。因为去一家优质餐厅或酒店吃饭对有关人员来讲可能太耗时（他们可能也是大忙人）。有哪些更为简单的选择呢？也许你可以在办公室里招待一下。这必须安排好，但不需要搞得那么隆重，也不要为了实现目标花太多时间。你可能会发现，一些有关人员非常喜欢这种方式。

　　其次是"工作午餐"这个短语。工作午餐通常在组织内部进行安排，可以非常简单——安排一个合适的时间，碰一下面，只提供咖啡和三明治，这样做有助于提高工作效率。同样，你可能会选择和某个同事一起出去吃一顿简单的快餐，这样做也是为了讨论某个具体的事情，通常是日程安排里找不到合适时间去做的事情。这些做法都很有用。有时午餐时间可以用于稍事休息，但要记得，一年大约有 220 个工作日，那么如果每个工作日的午餐时间都有一小时的话，加起来就超过了 25 个工作日。因此，你当然需要非常仔细地考虑一下这方面。最后提一点忠告：请注意你午餐时喝的东西。含有酒精的饮料可能有助于放松，但如果你稍后在办公桌上睡着，那么这肯定不会提高工作效率。

考虑出去娱乐一天

上文提到了宴请，但宴请也分多种形式，其中有些形式要比午餐更为耗时。公司宴请（我不太喜欢大型团体活动，比如赞助活动）包括各种各样的活动，从夜晚看歌剧，到傍晚去唱卡拉OK；从参加各种比赛，到去打一场高尔夫球。因为这些活动会涉及非常实际的成本问题，所以你当然需要仔细考虑，也需要考虑一下时间因素。

以出去打高尔夫球为例。很多业务活动可能真的会在高尔夫球场上进行，我并不是说这种活动从来都没有用处，你应该完全拒绝，你需要考虑一下这种活动的真正益处。不能只想着自己或相关人员玩得开心，这还远远不够。考虑一下：

- 可以让其他人去做吗？
- 会带来什么样的结果？

- 真的会推动双方关系向前发展吗?

- 有没有其他方法可以用更少的时间来达到同样的效果?

所有这些问题都需要认真考虑。你还要考虑一下其他因素,比如选择周六早上去打高尔夫球,而不是选择工作日去。这可能会使你很好地利用时间,尽管如果这样的安排太多,可能会占用家庭时间。如果一天能招待三个相关人士,那么这种安排所花费的时间可能与只招待一个相关人士所花费的时间在价值上有所不同。

就像本书多次讨论的那样,再打一次高尔夫球似乎没有太大意义,但占用的时间却会增加。一个月打两次高尔夫球可能要消耗一整天的时间,占工作时间的 5%。你需要记住这一点。也许一个月聚一次,一次见更多的人,能取得同样出色的成果。无论在工作和生活中碰到哪些这种性质的事务,你都不要自然而然地认为这些事务是一成不变的,而是要像看待其他事务一样仔细规划时间,然后做出正确的决定,以确保时间不会被浪费掉。

然而,无论通过什么方式,在什么地方与他人接触,接触的性质都会影响这次接触所花的时间。要注意这一点,尤其是要考虑接触所造成的负面影响,努力避免这些负面影响,你就可以节省时间。

不要起冲突，不要浪费时间

现在听好，请注意：坐在那里懒洋洋地一页一页浏览，没有什么益处，你必须真正阅读这篇文章……这个开头不太好。有时，你想直截了当，不浪费时间，但是这种方法却会产生相反的效果。这样做可能会触怒别人，可能会产生误解，从而造成异议，甚至引发争论。一旦发生这种情况，就需要时间来解决，而初衷则会烟消云散，化为乌有。事实上，冲突也并不完全是坏事。冲突可以作为辩论的催化剂，促进创造力，推动业务取得必要的成果。但是，放任不必要的冲突则另当别论，不必要的冲突会阻碍业务的顺利发展，也会影响时间管理。我并不是建议为了息事宁人而做出错误的决定，但在某些领域你应该避免冲突，例如：

- 在沟通时努力去说服，而不是去哄骗，这很有必要。如果你能够成功说服他人，花费的时间就会换来回报。

- 办公室政治（总是会有一些）可能会带来困扰，消耗时间，尽管从其他方面来看，忽视办公室政治会很危险，必须任由其存在。

- 个性因素可能比问题更重要。必须以商业理性来支配、控制组织中的大部分因素，而一旦个性因素失控，就需要时间来解决。

- 部门利益也必须得到密切关注。

以最后一项作为简单示例。想象一下，一些组织内部在重组时会调整办公室的物理布局。各部门将要搬迁，都关心自己会得到什么优先权，新的办公条件怎么样，不过这些都不足为奇。然而，也有一些完全实际的问题。设计部门需要照明良好，客户服务部门需要电话数量最多，库存量大的部门可能需要设置在一楼，以上是一些非常普通的例子。如果考虑一下怎么做决定，重点考虑一下讨论、会议以及与重组过程有关的一切事务，并且可以避免冲突（在这种情况下，主要是关于个人问题的冲突），那么解决整个问题所需的时间肯定会更少。这会产生广泛的影响，也显示了一大好处，那就是始终牢记你所接触的事务的时间因素，这会带来益处。

有时会因为冲突而造成时间浪费，但这种情况可能只是一时的，只需要片刻思考就可以避免，但有时或许更为棘手，比如在制定战线时，你需要真正付出努力及毅力来避免因冲突而浪费时间。无论是哪种情况，你都应该保持警惕并采取行动，避免产生最坏的影响。

接下来这些研究主要针对那些管理者，即接受他人向其汇报事务的人。许多观点都与这种关系中的接受方有关，或者工作可能会与在未来的某个时候履行这种责任的人有关。

合适人选

逻辑起点可能是考虑建立关系所需的时间。为某些工作找到合适人选这件事至关重要，而且非常复杂，但却常常遭到低估。有很多因素要考虑，当然对于本书来说这方面的因素太多了，无法全面探讨，但有一点可以肯定，那就是招聘错误人员会浪费时间。这就意味着：

- 绩效会受到不利影响；
- 努力改变这种情况要花费时间，最终要在纪律审查程序上花费时间（任何涉及劳动法的事情都很耗时）；
- 更换不合适的工作人员；
- 在进行上述事务的同时查缺补漏。

招聘人员需要时间，但这个时间花得值（也是一个你可能想去单独研究的主题）。也许，你也想选择那些本身就善于管理时间的人。这无疑可以增强你所管理的团队的实力。不管怎样，先不说招聘及选拔的细节如何，有了合适的人选，你就可以考虑哪些方面与时间管理的联系最为紧密。其中一个关键方面就是沟通。

需要明确指示

有一句老话："时间永远不会刚好够把事情做妥当，但你总有时间返工。"一开始就没有给出明确指示，最容易导致返工。我已经说过，沟通并非易事，但妥善沟通的责任在于沟通者。如果你在发布指令，那么这个责任人就是你。同样，如果人们没有真正理解，也没有及时提出疑问（也许是因为担心你会责怪他们），那么这也是你的错，因为你应该清楚地说明，当遇到这种情况时，他们应该提出疑问。因此，指示要明确，要告知人们：

- 需要做什么事（并提供足够的细节）；
- 为什么要做这件事（了解目标可以明确任务，增强动机）；
- 应该如何做（方法等）；
- 应该什么时候完成（以及其他任何与时间有关的事项）。

在交代妥当之后，你要问问大家清楚了没有，获取一点反馈。要想在这件事上走捷径，你首先必须真正了解或熟悉情况，而不能简单地假定一切都会顺利。做好清楚的说明可以节省时间，书面指南也可以起到同样的作用。对于某些工作来说，说明及指南都很有用。对于定期执行但不经常执行的，有难度或危险的工作来说，书面指南尤其有用。我的办公室中就有一项这类工作，那就是更换打印机的墨粉。这项工作没有那么复杂，但坦白地说，如果不参考机器附带的图表，不按照图表中的指示依次完成任务所需的操作，就很难把墨粉弄好，尤其是要间隔一段时间换一次墨粉。拿出这张图表所需的时间很短，甚至比琢磨在没有图表的情况下换墨粉所需的时间短得多，但这样的任务很容易使人陷入混乱，浪费大量时间。这个例子说明了：所有指示，无论以何种形式呈现，都必须一清二楚。

不要亲力亲为——委派下去

如果有一项任务必须完成，但你又无法完成它，那么有一个方法可以给自己更多时间，那就是把这项任务委派给他人。这种做法特别可取，但对一些人来说却出奇得困难。那么，这种做法有什么利弊呢？

首先，优势。思考一下这个问题，然后问一问自己想要哪种类型的经理。你可能会列出很多品质，比如公平、善于倾听、果断、擅长工作等，但我敢打赌你会把那些善于委派工作的经理放在首位。与此相反的是，老板什么事都管，不让你插手，可能还有点讳莫如深，这通常根本不是你希望为其效力的那种人。因此，你如果能有效地委派工作，那么在其他方面也会取得很大的优势：一方面更有动力、更有机会去解决新问题，另一方面可以节省时间。

其次，困难。委派工作要承担一种风险：有些事情可能会出错，更重要的是，因为你是经理，所以你可能会受到责备。因此，尽管以正确的方式做事会将风险降至最低，但还存在其他诱惑让你继续坚持下去、亲力亲为。这会造成两方面的问题：一方面，你要做的事情太多，尤其是有很多常规的事情要做，所以即便你心知肚明，也无法给予那些优先事项一定的关注；另一方面，员工也不喜欢这样，他们做事的动力及效率会受到负面影响。

但是，有时不去委派工作还有另一个重要的原因。这个原因就是担心，不是担心对方无法应付，而是担心他们做得太好，担心他们会改进方法。毕竟在某种程度上，他们会做得比你更快、更彻底、更好。你如果很坦诚，就可能会承认你真的很担心。当然，担心也没什么稀奇的，尽管创新正是这样发生的。这并不是不去委派工作的理由，因为潜在的回报实在是太大了。如果委派成功，那么你的生产力会得到极大提高，这远远超过你能想到的任何其他方式。因此，这个环节至关重要。但是，如果委派的事情真的做得更好了，这会怎么样？因为会有新人、新的方式以及新的思维参与任务，所以委派就成为组织取得进步的关键方式之一，这非常有好处。若不委派，组织就会变得非常呆板，无法应对变化。此外，作为管理者，你有责任让大家参与进来。通过你的选择、发展、建议及管理创造了一支强大、高效的团队，并且你保持住了这个团队的强大和高效，在这一点上，你功不可没。

要想成功委派工作，你需要针对这一过程采取系统的方法，要深思熟虑。成功委派工作可以得到什么成果呢？这可以得到五个关键成果：

- 为接受委派的人创造发展机会，加速经验积累；

- 通过达成更高的工作满意度以及在工作中取得长期或短期成就（并最终超越已经取得的成就）这种激励效应，建立士气（正是因为上述机会）；

- 对团队及个人产生更为广泛的激励作用；

- 让委派者集中时间和精力，处理对实现目标而言至关重要的工作；

- 带来了一种更为深思熟虑或更具创造性的方法，以支持任务的完成，管理者也就不会被那些可能分散注意力或影响宽泛以及需要长期视角的事情打乱节奏。

你可能会想，上述影响会给自己在工作中带来哪些具体的好处。然而，委派可能会困难得出奇，有些管理者发现自己就是无法做好委派工作。正如你要向委派你的人汇报一样，你委派的人也要向你汇报。如果通过委派获得的时间似乎不值得你去委派，或者你需要尽量多地去委派工作，也许这就会让你再次停下来思考。尽管委派工作可以带来诸多相当大的好处，但这也并非毫无风险。这种风险因素使得委派工作实施起来颇为困难，但有几个因素可以起到积极作用，实现委派可以：

1. 将风险降至最低。委派总有行不通的时候，毕竟，委派就像是把别人安排在驾驶座上，把"犯错的权利"交给别人。因此，如果在授权内容、授权对象或执行方式的选择方面做出错误判断，那么事情可能会以犯下错误而告终，进而浪费时间。这一切的最终目的必须是尽量降低固有风险，首先，你要选择适合委派的任务。在大多数工作中，有些事情应该合理地省略，包括：

- 对生成整体结果或控制整体结果至关重要的事情；

- 关乎员工纪律的事项；

- 某些有争议的问题（比如员工申诉）；

- 机密事项（尽管要确保机密事项得到保密，但保护不必要的机密可能会非常浪费时间，而且往往毫无结果）。

其次，在选择最佳委派对象时，你应该提出以下问题：

- 他们过去是否承担过类似的任务？

- 他们是否具备必要的知识、经验及能力？

- 需要一次性处理的事情是否太多？

- 是否需要事先培训（无论多么非正式）？

- 他们想做更多的事情吗？（或者说他们应该一次性做更多的事情吗？）

- 他们是否会被其他相关人员接受，并且这次委派是否会被同事视为一个公平的机会？

因此，成功的最大保障也许是沟通清楚，不仅仅是与相关人员的沟通，其他人也必须知道发生了什么事情，并且必须相信这个人做事的能力。消息可能需要向上下级传递、跨领域传递，并确保完全清晰。要想确保没有遗漏任何与权利及责任相关的内容，最重要的是，相关人员不仅要知道为什么要完成这项工作，还要知道为什么要这样做。此外，委派任何事情都要有一个这样的预期，那就是相信大家能够完成任务，结果会令人满意。

任何解释都要清晰明确，不管是针对当前任务的一次性说明，还是在紧急情况下的指示，抑或是对现有责任的长期性补充说明。请记住，委派不仅仅是简单地进行工作分配，委派可能牵涉工作说明、工资及就业条件等事项。假设你对委派人员精挑细选，双方也清楚地沟通过，那么下一步就是保持联系，了解事情的进展，至少在最初阶段保持联系。

2. 监控进展。一旦将某一任务委派出去，人们就很容易忘记保持联系，因此当这件事情完成时，可能会出现某些问题。总而言之，你必须小心谨慎地监控进展。如果不能小心谨慎地进行监控，委派就会有点儿干扰的意味，并且可能会毁掉整个进程。有一个最简单的方法，既可以进行监控，又比较容易令人接受，那就是在最初委派及移交任务时进行必要的检查。从一开始，你就要求在合理的时间节点提交中期报告。你不要简单粗暴地在未经通知的情况下来到某人的办公桌前，要求查看文件（他们可能正处于尴尬的阶段）。你要让他们在预先安排好的时间节点把东西拿给你。如果你当初交代得很好，他们也明白了预期及标准，那么他们就可以按以前的标准完成任务，甚至给该任务带来一些新意。不过，从短期来看，这两种说法都没有问题，因为没有什么事物能够一成不变，毕竟一旦人们真正掌握了基本知识，创新思维就会受到启发。

在这一阶段，事情的进展方式或许与你想象的自己完成工作所采取的方式有很大的不同，也可能只有一点点不同，因此你想把委派的事情收回来，但你要咬紧牙关，忍住，不要收回来，让事情进展下去。最终的结果会让你的隐忍有所价值，不但是从时间角度看，而且是从职场成长及发展的角度看。到目前为止，委派一直都还不错。如果一切顺利，你就没有什么可做的了吗？错。你必须对流程进行评估。

3. 评估一下，看一看委派是如何发挥效力的。一旦时间足够长，你就可以评估事情的进展情况，但也应该考虑一些问题，毕竟问这些问题会很有效果。问题包括：

- 任务是否圆满完成？
- 所花费的时间是否可以接受？
- 是否表明相关人员可以再多做一些任务？
- 是否有其他任务可以按照相同的方法来进行委派？
- 这对其他人产生了什么影响（例如其他人是否希望承担更多责任）？

- 是否要因此对文档材料做任何更改？

- 是否创建了任何新方法，或者修订了方法，以及由此产生了什么影响（例如现存指令是否发生变化）？

- 总的来说，这对生产效率有什么样的影响？

通过最后一点，我们可以了解到评估的一个关键方面：这件事对你产生了什么影响？换句话说，你用节省下来的时间做了些什么？（有可能给新工作省出时间，或者有助于多去关注关键事项或长期事项。）如果员工不过是被淹没在更多繁文缛节里，而且几乎没有什么实质性内容，或根本没有什么实质性内容可以显示出成效，那么委派就没有带来什么益处。

同样，如果事情进展不顺利，那么你应该琢磨一下什么地方出了问题。这些问题也需要从两个方面去看待，你不仅要思考一下别人做错了什么或误解了什么，还要思考一下自己的问题，比如你实际上向那个人交代了多少。从经验中学习很重要，你要思考一下自己委派了什么任务，委派给了谁，然后再去寻求处理流程的最佳方式，这非常值得一试。你如果在这方面养成了良好的习惯，那么随着时间的推移，定会得到回报。

归根结底，委派对他人的影响与对你的影响同样重要。人们抱有极大的热忱，想去做好自己负责的事情，也很关心这些事情。不过，在委派的过程中，你不仅要让渡承担额外责任的机会（严格来说，责任只能由别人主动承担，不能强加给别人），还要让渡行动的权力。如前所述，委派可以帮助一个团队培养良好的工作关系。不仅如此，委派也会带来挑战，尽管存在风险，但人们通常会努力让委派的任务顺利完成，因此失败率很低。当然，委派对生产率的影响可圈可点。但是，只要是这类事情，就需要谨慎，需要做出决断甚至牺牲。通过委派，你不仅可以摆脱眼前的各种琐事，而且几乎可以肯定的是，你可以去做喜欢做的事情，这是诸多益处之一。

潜在的回报怎么估量都不为过，因此，你很有必要做好委派工作。西奥多·罗斯福说过："最好的管理者有足够的判断力，可以挑选优秀的人来做他想做的事，而且最好的管理者有足够的自制力，在这些人做事的时候不去干涉他们。"这是一条极为合理的建议，而且对于想成为优秀的时间管理者的人而言，这一点至关重要。这两方面相辅相成。你如果做不好委派工作，就不可能做好时间管理工作。只有两者都做好，整个管理过程中的一个主要部分才会发挥作用，你就会从中受益。鉴于这个方面，你要思考一下：

- 你是否要委派任务？
- 你委派的事情是否妥当，你是不是经常委派任务？
- 委派的效果如何？

虽然在这里审查原则很重要，但你仍需要在正确的基础上加以处理，而最重要的事情也许是你要有这种意愿，并努力使之发挥作用。也许你值得多花一点时间去核查一下。你如果认为自己可以委派更多的任务，就要思考一下可以采取什么行动，如何最大限度地在时间及其他方面利用这一流程。也许你应该考虑参加一个关于委派的课程（或者更好的办法是，委派你的助手去参加这种课程）。

交换任务来节省时间

每个人都有不同的技能，都能轻而易举做好某些事情，能做得又快又好。有些事情你觉得苦不堪言，但在同事看来可能不过是小菜一碟。由于每个人都处于这种情况，你要做的就是组织起来，做些交换。例如，在我的一位客户的办公室里，员工会互换工作，这样做非常有效。该部门必须通过各种形式的分析、记录来传播销售成果信息（以便显示销售进度、销售人员的目标及地区业绩等）。一个人非常擅长分析，可以把销售团队送来的杂乱的反馈整理成一组有序的信息。而另一个人则善于使用他所知道的软件，可以以图形形式来呈现信息，而其他人并不知道这个软件。

在正式的工作分配中，他们两个人都接到了关于统计不同产品销售结果的全部工作。实际工作中，他们交换了一下，所有的分析工作都由一个人来完成，而所有的图形表达都由另一个人来完成。这样整个工作就完成得更为轻松，更为快捷，从而为员工省下了更多的时间去完成其他任务。这些省下来的时间主要用来与客户打交道，这是他们的工作职责。两人都觉得这种交换从时间的角度看非常公平，毕竟一切都很顺利。

围绕一个共同事项来工作的群体甚至不同部门，都可以通过各种方式来完成工作交换。只有一个障碍需要注意，那就是最初被分配给某人的任务中的成长角色。如果经理希望你熟悉一项任务，并在工作中积累一些专业知识，你就不太可能通过交换工作来让其他人完成这项工作。除了这种状况，交换工作是一个很好的想法，你可能希望寻找合适的工作并进行交换，以对自己有所帮助。当然，交换工作必须相对平衡，如果一方的工作量远远超过另一方的，那么这种安排就会受到动摇，因为最终会有人对此感到不开心。对于更为复杂的工作交换，例如用两个较小的任务交换一个较大的任务，你需要努力达到适当的平衡。只要选择得当，你就可以在整个组织内开发出许多类似的安排，所有这些安排都会节省时间。只要交换网络不会变得太复杂（当你离开一段时间后，这种交换必须能够继续运作，而且员工彼此的工作截止日期必须匹配），这就会成为一种更为有用的定期节省时间的方法。

培养员工

我希望我已经讲得很清楚了——委派工作是管理人员为自己创造更多时间的最大机会之一。

然而，还有一个潜在的障碍，那就是你委派的人必须具备必要的技能，以承担相应的委派任务，并把任务做好。而他们的技能水平在很大程度上取决于你。是你招募了他们，选择了他们，所以帮助他们发展也是你的职责之一。

培训及提升是大多数人认为的"好事"之一，但在大家都很忙的时候，这是很容易错过的事情。要想确保管理者不会忽视培训及提升，还有另外一个原因，那就是：如果管理者可以帮助员工发展，那么他们就能帮助管理者完成工作。通过培训，不但团队会表现得更好，而且管理者可以给员工委派更多任务。

作为一名负责的管理者，你应该为你负责的每个人制订个人发展计划。这个计划部分源于他们的年度评估会议及评估结果，可以包括：你要做的事情，例如个人辅导；他们要做的事情，例如个人学习、实验及实践；以及组织要为他们做的事情，例如派遣他们参加课程或提供其他培训资源。

你要根据一个人的工作分析情况来确定标准，进而确定他需要什么样的发展，确定你需要做些什么来帮助其发展，然后确定这个人是否符合这一要求或者是否存在技能差距，最后通过培训来弥补差距。此外，管理者必须展望未来，思考一下未来的工作会有什么不同，因为这些变化可能会扩大培训差距。培训的主题广泛（从技术到个人技能），但它们应与你作为管理者要做的工作有联系，而且你要预估一下委派工作的机会。

在接下来的一年里，哪些任务必须由你来完成，哪些事情可以交给别人，从而为必须处理的新事务腾出时间？有一些事情明显可以委派，因为员工能够胜任。但是，你也可以先进行一些研究，看一看有哪些可能性，这种做法很值得推广。

这可能是一个典型的正向平衡案例：时间投入很有必要，而且回报往往物超所值。如果因为这一过程具有长期性而不太可能利用这一过程，这就会非常遗憾，因为如果加以利用，这不仅会节省时间，还会带来其他好处，比如激励个人、推进组织运行的进程。

最节省时间的表达方式

世界各地的办公室里都在上演这样一个戏码，每天都要浪费无数个小时。想象一下，一名经理正在办公室里忙碌，这时一个人影在门口出现，进来一名员工。"什么事？"经理问。回答是这样的："我不知道该如何处理这件事情，你能不能与我核实一下。"经理想了想，自己正忙于工作，不想分散注意力，但却已经被打断了。因此，他的第一个想法是尽量降低干扰，尽快恢复工作。如果情况允许，经理会花一两分钟解释该怎么做，然后告诉员工继续工作，简短的临时会面就这样结束了。这种情况可能并无恶意，也可能非常突然，但结果几乎是一模一样的，而且这一剧情可能会在一天内多次上演。

但是假设同一个经理离开办公室几天。在他不在的时候，工作人员也会面临类似的情况。如果经理在，那么员工会去问；如果经理不在，那么他们干脆继续工作。当经理回来时，他会发现什么？一连串的灾难？很多错误决策？误判的行动？这些都很少会有。事情都正常做了，而如果经理在的话，他就会去核对。但现在不但没有造成任何损害，而且有可能一切都进行得非常顺利。

想想看，我猜即便不是大多数经理，至少有许多经理对这一情景很熟悉。为什么会这样？这是一个经典的案例，人们经常认为提供答案或做出决定可以帮别人把事情做好，可以更快处理事情，然后对方就会采取行动，自己的工作也能继续。我认为这种做法是错误的。你必须从长远的角度看，这要求你使用最省时的表达方式。

下次再出现我描述的这种场景，你的工作再次被打断时，你可以试着问："你认为你应该做些什么？"他们可能会不知道，但你可以抓住要点，提示他们，让他们给出一些建议，而一旦他们提出建议，你就可以询问他们认为哪种解决方案最好。这需要几分钟的时间，当然要比之前那种你给答复所花的时间更长，但是如果他们向你询问，你却没有向他们发问，那么你会发现当你提示他们时，他们通常会给出一个好的答案（在做事时，很少有什么所谓的正确方法）。然后你可以说"很好"，这样他们就走了，回去继续工作，你也可以继续做自己的工作。

这不仅是一种更好的方法，还是在做另一件非常有价值的事情：可以教会员工不要去打断别人，同时建立信心，自己去思考问题。你必须坚持这样做。如果你只是在有更多时间的时候才让他们仔细思考，而在忙的时候只会提供一个快速的答案，那么这种方法就行不通。每一次有人进来询问事情，而你认为这件事情他们应该能够独立处理，你就要说："你认为应该做什么？"你必须让这句话成为口头禅。你一直这样做，他们就会明白这一道理，这样一来，他们如果再想去问你，就可以在脑海中想到你可能给出的答案。

你如果这样做了，就会发现类似的问题越来越少。你会发现，如果他们真的来问问题，会直接进入第二阶段，并且会提出两三个经过深思熟虑的选项，只是想让你说出哪个是最好的选择。你不要回答，让他们自己问自己。坚持问他们该怎么做，这样你会发现自己在节省时间。更重要的是，你的员工肯定也更喜欢这种做法，尤其是当你能对他们独立做出的决策做出积极评价时。

这一节省时间的方法最能经得起考验，最为有用，也是最节省时间的表达方式，你所需要的只是坚持，坚定决心。一开始，你可能会认为这需要花费太多时间，但这一投资模式肯定会有回报。这可以节省出大量时间，不过事实上这与向你汇报的人数有关。你不要对此感到胆怯，在繁忙的时刻，胆怯很容易打破你的决心，你如果只想打发他们，就会立即给出解决方案。你如果不坚持，就要花费更多的时间让大家清楚这一道理。从长远来看，上述方法确实有效。你如果不这样做，就会给员工带来伤害，也会错过管理者的最节省时间的方法之一。

不要时刻紧盯

无论工作是简单地分配出去，还是委派出去，管理者都必须给团队成员空间来完成他们正在处理的任务。这里存在一些诱惑，尤其是在首次委派一项工作时，你会担心这项工作能否正确完成，你不仅要检查，还要随时检查。这种做法会让那些工作刚刚做了一半的人感到厌烦——事情还没有完成，而且看起来是这样。事实上，这会推迟事情的进展，也许会让你对他们的能力产生错误的印象。开展检查需要时间，这可能会阻碍事情的发展，而不是促进事情的发展。当然，坚持这种做法也不会对推动工作有任何好处。

你不要时刻紧盯进度。如果有什么东西需要检查，而且最好是必须检查，那么你应该在工作开始时和大家讨论一下，就这些检查达成一致意见。然后，相关人员就知道会发生什么。他们可以制订计划，在特定时刻接受检查，因此，此类检查最终会更具建设性，或者实际上根本就不必进行，因为相关人员会努力确保在监测到来时一切都按计划进行。

你如果能努力让这些检查成为计划中商定的一部分，并且能使这些检查具有建设性，那么不必在这些检查上花费太多时间。对于管理者来说，团队运作良好，尽量减少监督，将是一笔巨大的财富，会大大节省自己的时间。

激励员工

激励会产生强大的力量。激励可以通过人们的知识和能力发挥效力，可以提高绩效，提高效率，提高生产力，节省时间。但是，就像管理工作中的其他许多事情一样，这一结果并不会凭空出现。除非你努力去运筹帷幄，否则你就不可能让别人充分发挥能力。当然，这意味着要占用一些时间，或浪费一些时间。同样，这里的时间方程也很有意义。净效应应该会节省时间。

动机被描述为一种氛围，这是一个不错的类比。就像房间里的温度一样，许多不同的因素都会影响人们的动机，这种影响可能是好的，也可能是坏的。遗憾的是，没有哪个神奇的公式可以保证人们的动机一直保持在很高的水平。你必须关注一些激励性影响，包括管理方式和制度、同事之间的关系、员工和作为主管的你之间的关系，以及员工的安全感（他们知道自己必须做什么，知道自己是优秀团队的一分子）。如果组织得不好或缺乏同情心，所有这些就会降低动机。

无论是花时间制订激励计划，还是简单说句"做得很棒"，这些时间都花得很值。我在这里只做一个简单的介绍，就不讨论细节了，因为这超出了范围［我的《如何激励员工》（*How to Motivate People*）一书中有详细介绍］，但上文已足以说明管理一个缺乏激励的人总是比管理一个得到良好激励的人需要更多的时间。

在时间管理方面为员工提供具体帮助

在办公室里一起工作的人可能会受到盛行的做法及习惯的影响。在一间办公室里，如果有些人早上总是很晚才到，什么都不用说，可能会有更多的人随波逐流，情况会蔓延开来，越发糟糕。这是消极的一面，但我更关心积极的一面。你如果想让人们去关心、思考、努力解决时间管理问题，那么必须采取主动措施，以身作则。这里有几种做法，可能会有用，例如：

- 建立标准系统。你如果认为某些制度有助于每个人利用时间，那么制定该制度并坚持执行，这算不得独断专行。例如，在办公室里使用相同的优先级代码，使用相同的方式填写日志（甚至是使用相同的日志或时间系统），保持办公桌整洁有序，或许你还可以想到更多方面。

- 使用标准报告程序。在这里，标准化也会有所帮助，比如如果组织得当，那么备忘录风格，会议安排的时间、地点和方式，布告栏等都有助于营造高效的氛围。

- 解释。你如果告诉员工为什么要做某些事情，为什么要以某种方式去工作，为什么你希望他们也这样做，那么他们看到这个理由很好，而且对个人也有益处，他们很可能会遵守规则（可以进一步组织他们参加培训）。

通过练习，习惯就会养成，然后在一群人之间以及人群内部大大节省时间。因此，你要公开宣传时间管理的优点，告诉大家你对时间管理的好处深信不疑，告诉大家你正在身体力行地管理时间。但不要坐等你的团队去效仿你的做法，你要向他们介绍系统程序，制定一些规则来让大家更容易做好时间管理。如果你能用这些方式去帮助大家，那么这反过来也会对你有所帮助。

制定一些严格的规则并遵守

总的来说，独裁管理的日子早已一去不返。在当今环境下，管理必然涉及磋商。这很有道理。人们如果觉得自己在创新中发挥了一定作用，那么会更加全心全意地接受新事物，不管这些事物是政策还是实践。最强大的是，这创造了当今所谓的"所有权"，这是一种履行承诺和取得成果的力量。但磋商也有其局限性。你不能只因为磋商是件好事，就没完没了，凡事都进行磋商。为了平衡磋商所需的时间，你还需要在其他领域，以及政策制定合理的时候，不进行辩论，也不浪费时间。下面这个例子也许有助于说明这一点。

案例研究 节省时间的规则

每间办公室都有管理工作需要完成，都有表格需要填写。这看起来很烦人，但毫无疑问，这些信息在某种程度上很有用，或应该是很有用的！（那么为什么要获取这些信息？）有时在办公室，这种填表方式会遭到抵制。人们知道它很有用，但他们也认为其他事情更重要。他们可能会这样认为，但这并不意味着永远都不需要填写表格。此外，整理一下个人贡献，可能会提供关键信息。那么会发生什么呢？人们会拖延时间，迟交表格或填写不完整，而这会导致表格被退回重填，有时退回不止一次。

在一间办公室，现场销售人员必须填写控制表格，以更新销售数字及客户数据库。众所周知，销售人员的管理能力很差，表格经常很晚才弄好，可能一半的表格都得每个月追着要，可能另一半也得追着要。销售经理的秘书要浪费时间去进行追踪，销售经理也得不断向老板解释为什么没有整理好统计数据，因为只要有一个数据未统计，就无法进行全面整理。这通常会导致工作混乱，会令人不满意，所以必须做些事情来改进一下。

销售经理考虑了一下。首先，他检查了系统是否有最低限度要求，表格是否易于填写。他想到了各种核查方式，但认为每一种核查都会浪费更多的时间。最后，他想到了以下方案：修改有关上述系统的指示，这样一来，只有收到了所有表格，并保证表格清晰、易读、完整，员工才可以报销每月的费用，在此之前，任何人都不可以报销费用。找到方法了！一夜之间，销售人员的行事方式发生了变化，所有表格都按时送达。更重要的是，这种影响持续扩大，许多公司现在都在使用与之完全相同的激励措施。大家认为该方案合情合理，十分有必要，关于该方案的新公告清晰发布，结果不言而喻。

最重要的事情是，大家达成了一个共识，即某些事情只要顺利进行，就不需要花太多时间来处理。动机干净利落，但在这种情况下，销售经理还可以做很多事情，从而为这个方案增加一点优势。

这个案例是一个很好的例子，但重要的是，我们应该在某些领域采用这种方式。通过一个坚定的规则，也可能是一项制裁，让人们清楚地知道，没有例外，没有借口，这样就不会浪费时间了。如果在这个基础上，还有什么事情确实出了问题，那么你必须从一个很高的高度发出严厉警告，而且要坚持这样做。

此类规则可以节省大量时间。思考一下你与员工之间发生的事情。很可能有些候选系统或程序适合这种处理方式。如果是这样的话，请尽快开展工作。这种方式不仅可以节省时间，还有助于确定态度，培养正确的习惯。

会议——危险还是机遇

据说，理想的会议由两个人组成，其中还要有一个人缺席！还有一句话（也许是一部培训电影的标题）也谈到会议，那就是"该死的会议"。两种说法都道出一些实情，但会议仍是人们交流、协商及辩论的重要组成部分。我们需要开会，或者说，其中一些会议还是有必要的，但我们必须从会议中获得最大的收益，我们不需要太多会议，会议时间也不需要过长，最重要的一点是，我们不需要那些非建设性的会议。因此，这是一个与时间管理有关的重要话题，当然也是造成时间浪费的主要潜在因素。我们要积极一些，考虑一下会议在时间管理方面会起到什么作用。

各种会议，无论是大型的还是小型的，是正式的还是非正式的，是长期的还是短期的，如果我们能积极筹划、深入考量、良好开展，以便会议可以顺利进行，那么会议就能够发挥作用。会议有多种目的：告知，分析问题、解决问题，讨论和交换意见，鼓舞、激励，咨询和调解冲突，获取意见及反馈，说服，培训和发展，强化现状，通过各种方式推进项目。

毫无疑问，会议的目的远不止如上所列的。当然，最关键的目的是促成变革（如果一切都保持不变，召开会议就毫无意义），这就意味着要做出决定。因此，任何会议都必须具有建设性。它必须给人们提供有利的定位，做出良好决策，推进适当的行动。

你还要注意，好的会议不仅能发挥作用，还能激发讨论及行动。当然除非某个特定的小组聚在一起，否则这种讨论及行动永远不会发生。什么可以促成一场良好的会议呢？

设置会议

要想使一场会议取得真正的成功，我们就不能只从会议开端出发来确保其成功，不要说"我想大家都到了，首先要处理什么呢"。在会议开始前，你就要让一切运作起来，有时要提前一段时间。首先，你要考虑一些基本问题，例如：

- 真的有必要开会吗？

- 这个会议是不是要定期召开？（这一点需要仔细考虑。一旦会议被指定为每周、每月或以其他频率定期召开，这就可能会成为一种很难打破的常规，从而成为一种特别容易浪费时间的方式。）

- 应该有谁参加会议？（谁不应该参加呢？）

你如果对这些方面都很清楚，就可以继续。请牢记一些要点，包括：

- 制定议程。这一点非常重要。如果你到了会议开始的时候才确定会议内容，那么会议就不可能顺利进行（要提前通知参会人员议程，并充分告知他人自己收取到的信息）。

- 时间安排。你要设定开始时间及结束时间，然后你可以根据持续时长来判断会议推进的方式，甚至要对各个项目设定一些大致的时间安排。另外，你要尊重时间安排：准时开始，并尽量遵从计划的时间。

- 客观。你要始终设定一个明确的目标，这样你就可以说明为什么要召开会议（而且永远都不要因为距离上次会议已经一个月了而去开会）。

- 自己做好准备。你要阅读所有必要的文件，检查所有必要的细节，思考如何处理自己的内容，以及如何激励及控制他人。

- 坚持让别人也做好准备。这可能意味着要逐步养成习惯（例如不要在会议前暂停浏览一些本应提前学习的内容，这种做法只会向他人表明，事先阅读并非真的很有必要）。

- 人员。谁应该出现在会场（或不应该出现在会场），这些人应分别扮演什么角色。

- 环境。如果参加会议的人都感觉很舒适，不受干扰，那么会议就会进行得更顺利（所以在开始之前，你要组织好，将咖啡壶的开关打开，将电话关闭）。

然后，在指定的时间，必须有人负责让会议顺利进行。

主持会议

即使是一场简单的会议，也需要有人主持。这并不意味着无论谁是主持人，出席会议的最高级别人员都必须进行大部分的发言，甚至主导会议，或者他要被正式地称为"主席"，而是必须有人来主持会议。一位高效的主席可以确保会议顺利进行，进一步讲，这也意味着：

- 会议能够更好地关注其目标。

- 讨论可以更具建设性。

- 在做出临时决定之前，可以确保进行彻底的审查。
- 论点或案例的所有方面都能展现出来，都能得到平衡。
- 会议进程可以井然有序，争论也会减少（即使是处理有争议的问题）。

因此，有效主持会议所带来的所有结果都是积极的，都能让会议简洁明了。总之，一个好主席会主持会议、处理争论、采取行动，以确保目标及时、高效、有效达成，而且不会浪费时间。

有一些事情必须做，这很简单，大多是常识。主持角色很重要，所有主席都必须遵守两个简单但很关键的规则（在场的所有人都应遵守）：每次只能有一个人发言；由主席决定谁发言（必要时）。

所有这些都已经凸显出一个良好的主持人应该具备的素质。主持人始终是一个至关重要的角色。主持人必须赢得尊重，保证会议的秩序，确保讨论目的明确，确保会议朝着目标进行。主持人必须善于倾听、善于总结，有时还要学会化解矛盾。实际上，他们是"掌控者"，但需要通过圆滑手段来运筹帷幄。最后，你还要考虑一下另外两个重要因素。

良好的开端

好的会议开端良好，进展顺利，圆满结束。在开始会议时，主持人应遵循以下五点：

- 积极。

- 明确会议目的（及程序），让会议看起来有条不紊。

- 明确主席的权威及掌控力。

- 营造正确的氛围（无论是激发创造性思维，还是对数据进行详细分析）。

- 激发对主题的兴趣及热情（是的，即使是枯燥的定期报告）。

如果主席尽早让其他人参与进来，而不是在会议开始时连篇累牍地自说自话，那么这通常会有所帮助。这表明最后一点也很重要。

鼓励讨论

当然，有时鼓励大家集思广益最不成问题，但你要让每个人都发表见解（或者考虑一下他们为什么参加会议）。因此，为了确保会议主题得到充分讨论，让讨论具有代表性，并根据所有适当的事实做出后续决定，你可能需要鼓励大家讨论。

你要留意一下与会者不发言的具体原因，例如：他们可能害怕来自他人的拒绝或压力，尤其是更高层或权力更大的人；他们没有做好准备；他们对之前发生的事情不完全了解；实际上，他们可能只是需要鼓励。一个优秀的主席会征求意见，鼓励大家畅所欲言，发表经过深思熟虑的见解。

记住，语气或态度很容易歪曲评论。例如，年长者不太可能先提出自己的想法来支持创造性建议："这只是一个建议，但要记住是谁提出的。"所以，不要引导。

问题是最好的鼓励：安排好问题，确保对不同的人都有一个衡量标准。比方说，吸引更多沉默的参会者，采取行动来控制傲慢的或不那么稳当的参会者。问题必须明确，你要提出无法回答"是"或"否"的开放式问题，使用"什么""为什么""哪里""何时""如何"之类的词语以及"请给我讲一讲关于……"或"你认为……怎么样"等类似的短语开始的问题，这样效果最佳。这些问题会让人们开口说话，而不是用一两个字就能回答问题。如果你想要简短、具体的答案，那么封闭式问题会更好。对吧？

在许多组织中，会议没有成效或者缺乏建设性，并不是因为人们对于会议的展开方式考虑不周，而是因为根本就没考虑如何确保会议成功。这里有一个真正的机会。（值得召开一场会议讨论一下吗？）你要花点时间，确保会议不会浪费时间，而这种时间值得付出。仔细规划，关注必要的细节，确保会议顺利进行，这一点十分重要。人是主要的时间浪费者，但也是创造生产力的盟友。

要点总结

- 时间管理可能更容易单独完成，但必须在人们一起工作时才能发挥作用。

- 有效的时间管理需要人与人之间保持良好合作。

- 管理层必须采取行动，确保共同工作的人员既富有成效，又脚踏实地，进而考虑到他们所开展的大部分（即便不是全部）工作的时间管理。

- 特别危险的地方以及最容易浪费时间的事情，需要特别关注（会议也许是最好的例子）。

第九章

最后的话

永恒是一个可怕的想法。我的意思是，永恒会在何处终结呢？

——汤姆·斯托帕德（Tom Stoppard）

除了永恒，让时间管理在更大的日常生活范围内起作用，对每个人来说都很重要。

最糟糕的是，如果不能让时间管理发挥作用，这就会导致生活永远充满混乱、压力和挫折，更不用说实际取得的成就会更小，远比你希望取得的成就小，或比你认为能够取得的成就要小。因此，牢牢掌握时间管理有相当大的好处。这里简明扼要地重述一下，有效的管理时间可以让你：

- 提高生产力，提高效率，提高效力。
- 更加专注，不管什么工作都会变得更容易，创造力会大大提升。
- 更可能实现各种目标。

- 更可能长期开展工作。

- 从工作中获得更多满足感、更多乐趣。

- **更好地协调居家事务、家庭义务及工作责任。**

这些好处包括许多方面，你可以更少地错过截止日期，省出更多时间给关键项目，能与组织中一起共事的人以及为你工作的人建立更好的关系。此外，时间管理会直接影响结果及效率，从而会直接影响你的职业发展。

所以，似乎有足够的理由让时间管理发挥效力。有一些想法很有帮助，而且似乎很明显的是，你如果接受这些想法，很快就会适应并养成习惯，不费吹灰之力就能很好地发挥它们的效力。正如我们所看到的那样，这一进程的其他方面更为困难，无法避免。归根结底，时间管理真的值得你操心费神吗？还是说，它只不过是另一种所谓的"管理神药"，实际上占用了时间，而这些时间本来可以更好地花在工作上？我坚信，时间管理不仅值得关注，还必不可少。我希望本书已经证明：花点时间让自己更有条理，这件事没有那么令人望而却步。事实上，有了良好的习惯，我们就能合理使用技能、技巧，尤其是采纳正确做法的态度，这一切显然会带来好处。

要想使这一切都发挥效力，不能只靠理解原则以及各种各样的想法，而是要自律，要最终养成习惯，让时间管理成为一种整体性的工作方式并坚持下去。

所以，即将结束之前，我要说一句话：你的时间管理如果只做表面工作，就不能最大限度地提高绩效，更不用说帮你摆脱困境。口惠永远比不上实干。

下面这则故事堪称经典，足以让人清醒。

一位中世纪的国王正在带着随从穿越森林，一起狩猎。他们在好多树上都看到一个画好的靶子，每个靶子上都有一支箭，直插靶心。"真是太精准了，难以置信！"国王说，"我们一定要找到这个神射手。"

他们继续往前走，追上了一个小男孩，小男孩手里拿着弓和箭。被国王一行人拦在路上，小男孩很害怕，但他还是承认是自己射出的箭。"箭真的是你射的，是吗？"国王问道，"你不是用手把箭刺进靶心的吧？"小男孩回答道："陛下，我发誓所有的箭都是在百步开外射出的。""太棒了，"国王说，"你一定要来皇宫工作，我身边必须有一位百步穿杨的射手。但是请告诉我，你这么年轻，是怎么做到射得如此精准的？"

这个男孩看起来十分害羞。"好吧，"他说，"首先，我走到百步开外，然后把箭射到树上，之后再走回去，把靶子画在树上。"

同样，如果没有一套思维体系及技术来推动事态的发展，只靠一个精明的时间管理日志系统或其他什么东西，那么这不会带来任何益处。只有利用这些原则，养成相匹配的工作习惯，你才能专注于关键问题，这些关键问题会对绩效产生影响。本书的建议每天都会给你带来一点改善，当然也可以在你遇到困难时发挥作用。(除了遇到困难，还有什么时候十分需要时间管理呢？)因此，遇到困难时你的第一反应应该是重新集中精力来管理时间，通过时间管理来获得帮助，而不是把所有习惯和良好实践抛到脑后，靠到处救火来解决问题。

这么做值得吗

关于改进时间管理所带来的结果，我已经充分说明。即便如此，因为时间管理会涉及许多细节，所以你可能会想，这么做产生的实际效果值得吗？我相信答案一定是肯定的。时间管理是一种做事的技巧，不仅会通过个人的工作及其产生的结果对组织产生影响，还会影响个人——你自己的工作满意度、心理状态及总体幸福感。要想成为一名更好的时间管理者，你可能需要投入，需要努力。正如俗话所说："天下没有免费的午餐。"大多数有价值的事情确实需要投入一些时间及精力，时间管理也不例外。毫不夸张地说，良好的时间管理可以迅速改变你的生活，让生活变得更好。如果你养成了相应的习惯，那么它会永远（或者更现实地说，在你余下的职业生涯中）地改变你的生活。

最后的话

成功的时间管理不是通过某个魔法公式就能实现的，而是要通过一系列行动来达成，其中许多行动都是习惯，这些习惯加在一起，最终会帮助你取得成功，我再强调一下这一点。我再讲一个经典的故事：

中世纪，国王家里的一位面包师犯了一个小过错，可能只是烤煳了一块蛋糕，但却因此被判处 10 年监禁。他在牢房里受尽煎熬，反思自己的困境，后来他给国王捎去一条信息，承诺他如果能获释，就去皇家马厩干活，昼夜工作，一年内，他就能教会国王最喜欢的马说话。

国王觉得这个想法十分有趣，于是命令释放面包师，让他到马厩工作。面包师的朋友们看到他被释放，立刻喜笑颜开，但同时为他感到惊恐不已。毕竟，马不会说话，无论受过多少训练也不可能说话。"你可怎么办啊？"大家都很担心。"一年内，什么都有可能发生，"这个面包师回答道，"我可能会死掉，国王也可能会死掉，或者——谁知道呢——没准马会开口说话！"

真的，谁知道呢。我敢肯定，他对教会马说话这件事并没有信心，但他很清楚，这个做法是向前迈出的第一步（他不用待在牢里了）。我只希望到年底，他能够想出另一条妙计，让自己继续好好地活下去。这个故事反映出一个很好的观点：有时进步可能需要循序渐进。就像面包师的故事一样，可能并没有哪个神奇的公式可以立即应用，立即带来改变，从而即刻提高整体时间利用效率。但肯定会有一系列步骤，每一个步骤都会让你前进一小步，这样一来，你就可以完成总体工作量。不管有什么内容，你都能完成，还可以做得更好（达到目标），做得更有条理。

你可以通过思考和分析（也许还有创造力）来成功提高生产力及效率，从而达到你想要的状态及结果。正如我们所看到的那样，这一过程始于思考，而思考及思考的结果会成为一种习惯，甚至成为一系列习惯。你如果能够做到得心应手，就可以让自己的工作井井有条，这会改善你的业绩，而且很可能会改变你的人生。

练习

最后（虽然可能不是立即），你可能需要回到本书早些时候给出的练习，这样做会很有价值。如果你在阅读本书时对时间管理进行了思考，并因此做出了改变，那么请你再次回顾一下，评估你在改变前后的时间管理状态，看一看有什么进展。其实，也许你可以定期回顾并评估一下。